POR UMA PARÓQUIA SINODAL

Dados Internacionais de Catalogação na Publicação (CIP)
(Câmara Brasileira do Livro, SP, Brasil)

Carias, Celso Pinto
 Por uma paróquia sinodal : projeto pastoral / Celso Pinto Carias. – Petrópolis, RJ : Vozes, 2023.

 ISBN 978-65-5713-609-6

 1. Catequese 2. Concílio Vaticano II (1962-1965) 3. Igreja Católica 4. Liturgia – Igreja Católica 5. Paróquias 6. Teologia pastoral I. Título.

22-122445   CDD-253

Índices para catálogo sistemático:
 1. Paróquias : Projeto pastoral : Teologia pastoral 253

Cibele Maria Dias – Bibliotecária – CRB-8/9427

CELSO PINTO CARIAS

POR UMA PARÓQUIA SINODAL

PROJETO PASTORAL

EDITORA VOZES

Petrópolis

© 2023, Editora Vozes Ltda.
Rua Frei Luís, 100
25689-900 Petrópolis, RJ
www.vozes.com.br
Brasil

Todos os direitos reservados. Nenhuma parte desta obra poderá ser reproduzida ou transmitida por qualquer forma e/ou quaisquer meios (eletrônico ou mecânico, incluindo fotocópia e gravação) ou arquivada em qualquer sistema ou banco de dados sem permissão escrita da editora.

CONSELHO EDITORIAL

Diretor
Gilberto Gonçalves Garcia

Editores
Aline dos Santos Carneiro
Edrian Josué Pasini
Marilac Loraine Oleniki
Welder Lancieri Marchini

Conselheiros
Elói Dionísio Piva
Francisco Morás
Ludovico Garmus
Teobaldo Heidemann
Volney J. Berkenbrock

Secretário executivo
Leonardo A.R.T. dos Santos

Editoração: Fernando Sergio Olivetti da Rocha
Diagramação: Sheilandre Desenv. Gráfico
Revisão gráfica: Nilton Braz da Rocha
Capa: Rafael Nicolaevsky

ISBN 978-65-5713-609-6

Este livro foi composto e impresso pela Editora Vozes Ltda.

Agradeço ao Pe. Genivaldo Ubinge e a Lucimar Moreira Bueno – ambos acompanham as CEBs da Arquidiocese de Maringá –, pois quando me convidaram para assessorar um programa de formação me estimularam a produzir estas páginas.

Também gostaria de agradecer a Maria Cecilia Domezi pelo carinho de apresentar este trabalho.

E não poderíamos deixar de mencionar o PAPA FRANCISCO. Ele tem sido uma grande inspiração para o trabalho pastoral em nossos dias.

Sumário

Apresentação, 9

Introdução, 11

1 O contexto atual, 17

    1.1 O mundo, 18

    1.2 A Igreja, 22

    1.3 A paróquia, 26

2 Entendendo a Igreja do Concílio Vaticano II, 31

    2.1 Igreja Povo de Deus, 32

    2.2 Uma Igreja como poliedro – Categoria de Francisco, 36

3 A organização fundamental das paróquias, 41

    3.1 Sinodalidade, 42

    3.2 Administração, 47

    3.3 Planejamento pastoral, 50

    3.4 Acolhimento, 53

4 Perspectivas pastorais da paróquia para dentro da Igreja, 57

    4.1 Iniciação cristã, 59

4.2 Catequese de criança, 63

4.3 Liturgia, 66

4.4 A formação, 69

4.5 A Igreja nas casas, 73

5 Perspectivas pastorais da paróquia para fora da Igreja, 79

5.1 O desafio da política, 81

5.2 Pastorais sociais, 85

5.3 Desafio ecológico, 87

5.4 Diálogo ecumênico e macroecumênico, 89

6 Espiritualidade, 93

6.1 Contextualizando a espiritualidade cristã ao longo da história, 94

6.2 Fundamentos espirituais do caminho de Jesus Cristo, 98

7 Perspectivas de futuro – CEBs: uma alternativa, 103

Conclusão, 109

Apresentação

Em boa hora somos agraciados com este livro de Celso Pinto Carias, sintonizado com a "Alegria do Evangelho" e com todo o projeto de reforma da Igreja lançado pelo Papa Francisco. Nesse impulso corajoso, reacende a chama do Concílio Vaticano II e retoma o seu caráter pastoral.

O autor tem larga experiência de serviço como assessor das Comunidades Eclesiais de Base. E produziu esta obra articulando essa experiência com o seu trabalho cotidiano junto das comunidades situadas num lugar concreto da periferia geográfica e existencial do Rio de Janeiro. Por isso, suas orientações são também vivências, numa missão pastoral viva e dinâmica.

Com uma didática envolvente e eficaz, ele expõe seus profundos conhecimentos científicos, principalmente teológicos, filosóficos e historiográficos. Ao mesmo tempo, coloca-se no terreno das experiências humanas, no chão da vida. Com delicadeza e profundidade, permeia os ensinamentos doutrinais de eclesiologia e de pastoral com preciosos testemunhos de âmbito pessoal e familiar.

Isso o autoriza a mostrar, de modo tranquilo e ousado, a superficialidade de uma pastoral desencarnada da realidade das pessoas. A apontar a persistência de contradições do velho modelo de Igreja. Em meio ao esfriamento e ao desgaste do carisma da Igreja Povo de Deus, que conforme as orientações do Concílio Vaticano II fazia sua volta às fontes, muitas paróquias permaneceram autocentradas. Ficaram estagnadas em práticas rotineiras e superficiais, longe dos dramas humanos.

É com toda a propriedade que o autor aqui compartilha um ensinamento sólido e um testemunho de amadurecimento na caminhada pós-Vaticano II.

É como um pão quente que, feito em comunidade, se oferece à fome do Povo de Deus. É um pão nutritivo, fermentado com paciência, no tempo necessário e de maneira sustentável. Seu sabor especial se deve à inserção do autor, com sua família, na porção do Povo de Deus da Baixada Fluminense. A inserção na periferia possibilitou tocar a carne sofredora, a miséria humana, na convivência diária com o nó do drama humano nesse cantinho do mundo.

Trata-se de um projeto pastoral sólido, importante, necessário, focado no serviço à humanidade, como propõe o Evangelho de Jesus, e que passa pelo carisma reformador do Papa Francisco. É importante para entendermos a sinodalidade desde a base, numa forma de ser Igreja em redes de comunidades vivas, atuantes e servidoras, na perspectiva do Reino de Deus.

Maria Cecilia Domezi

Introdução

Caminhar juntos, "sínodo", é um conceito fácil de exprimir em palavras, mas não é assim fácil pô-lo em prática. Diz o Papa Francisco em discurso proferido no dia 17 de outubro de 2015 na comemoração do cinquentenário da instituição do Sínodo dos Bispos. Nossa pretensão é ajudar a diminuir esta dificuldade a partir do magistério do papa tendo em vista a realidade paroquial.

Certamente, não existe em nenhum discurso ou documento do Papa Francisco um *projeto pastoral* explícito que possa ser sugerido na prática da realidade do processo evangelizador atual. Porém, ao longo dos últimos anos, sobretudo com a *Evangelli Gaudium (EG)*, é perfeitamente possível traçar um caminho pelo qual possamos colocar em prática as intuições pastorais de Francisco. E agora, com um processo sinodal aberto oficialmente (2021-2023), poderemos aprofundar aquilo que foi o desejo dos padres conciliares no Vaticano II.

Este trabalho pretende fazer indicações que permitam, concretamente, responder à dinâmica de uma organização pastoral que foi vislumbrada na Conferência de Aparecida (2007), chamada, pelo saudoso teólogo José Comblin, de *Projeto Aparecida*, mas que ainda encontra grande resistência para ser efetivado, por várias razões. Pretendemos apresentar algumas dessas razões como uma espécie de *análise de conjuntura eclesial*.

Mas nossa pretensão não é a de detalhar o caminho, mas sim oferecer um *mapa* que trace um itinerário a ser preenchido enquanto se faz a jornada. Vivemos um momento de muita superficialidade e, aí, questões que para alguns são evidentes, para muitos outros podem soar como heresia.

Talvez, algum leitor ou leitora, por não conhecer o autor, possa desconfiar do caminho aqui indicado, sobretudo por se tratar de um *leigo*[1]. Mas a minha experiência pastoral possui uma estrada bastante longa. Não cabe aqui relatar os detalhes. Meu pai, falecido em 1982, aos 54 anos, fez quase de tudo pelas paróquias em que participou, desde cozinhar a ministro extraordinário da Eucaristia. Fui candidato a presbítero, mas saí no segundo ano de Teologia. Sempre estive próximo ao trabalho de articulação pastoral, antes e depois do seminário, chegando a participar de coordenação diocesana. Tornei-me doutor em Teologia. Agora, casado e com dois filhos, morando na periferia de Duque de Caxias, RJ, Baixada Fluminense, que é, por sua vez, um município periférico da cidade do Rio de Janeiro, ainda insistimos em nos colocar a serviço

---

1. Leigo é um conceito extremamente ambíguo, pois pode ser entendido como pessoa que não sabe. Mas aqui é tomado a partir da raiz grega *laos*, isto é, membro do Povo de Deus.

do Reino de Deus. Esperemos que ao longo da exposição possa ser percebido o chão pastoral no qual tenho vivido a minha fé cristã católica.

Entre a geração que viveu e recebeu o impacto do Concílio Vaticano II e a geração mais jovem pressionada por certa lógica de concorrência religiosa, percebe-se um superficialismo pastoral acentuado, onde se constata uma aparência de resposta aos desafios. Contudo, como afirmou o Papa São Paulo VI no n. 20 da Exortação Apostólica *Evangelli Nuntiandi (EN)*, não chega até às raízes da realidade cultural. Paulo VI falava isto em 1975 e, agora, no século XXI, nossa avaliação é de que o *verniz superficial*, expressão encontrada no mesmo número citado da EN, campeia enormemente. Há uma aparência de resposta pastoral que corre o risco de pagar um preço alto se não houver mudança de rumo em futuro próximo.

Desde o primeiro dia como Papa, Bergoglio deu um sinal claro de que iria tentar mudar o rumo do caminho pastoral. Aqui é importante logo afirmar, contra aqueles que o têm criticado severamente: ele não se coloca em rota de colisão com os papas anteriores. A diferença está em sua grande sensibilidade pastoral que aponta para uma necessidade premente, que muitas vezes em situação de crise não se consegue perceber, de responder aos desafios sem ficar prisioneiro do passado ou se lançar irresponsavelmente para o futuro. Está fazendo o caminho em sintonia com o CONCÍLIO VATICANO II, recuperando aquela genuína capacidade de beber na fonte fundamental: o mistério do Deus revelado em Jesus Cristo. Mas o fato de ter grande sensibilidade pastoral não diminui sua capacidade teológica. Aliás, ele faz o que todo/a teólogo/a deveria fazer: unir teologia e pastoral, teologia e espiritualidade. Minha tese de doutorado, concluída em 1998, foi exatamente a respeito desta necessária união. Ao longo dos últimos séculos se estabeleceu um divórcio entre o fazer teológico e a vida concreta.

Portanto, a partir de minha história de vida inserida na periferia e na tradição familiar católica desde o nascimento, juntamente com minha formação acadêmica e experiência pastoral, quero apontar para alguns elementos que nos últimos anos, em discursos e atitudes de Francisco, possam ajudar ministros e ministras, servidores e servidoras, dispostos e dispostas, sinceramente, a continuar o CAMINHO de Jesus Cristo em nosso mundo.

Evidentemente não será encontrada aqui uma solução cabal que dê conta de tão grande desafio. Também, para muitos, não haverá novidades. No entanto, como foi dito acima, nos dias atuais temos um número acentuado de agentes de pastoral, clérigos e leigos(as), que não estão sintonizados com o Concílio Vaticano II. E este trabalho pretende ser uma colaboração ao ministério do Papa Francisco em sintonia com o caminho conciliar que, como disse São João XXIII, foi um momento de lufada do Espírito. E cooperar firmemente para a retomada de uma Igreja sinodal.

Temos uma crítica bastante forte à estrutura paroquial atual. Como disseram os bispos do Regional Sul 1 da CNBB, lá no final da década de 70 do século XX: "A estrutura paroquial não nasceu diretamente de Cristo. Foi resultado de condições históricas, segundo opções feitas por modelos associativos num mundo rural"[2]. E hoje o mundo está extremamente urbanizado. Contudo, tentaremos trabalhar ainda dentro da estrutura paroquial atual, conforme o Documento 100 da CNBB e mesmo o Código de Direito Canônico (CIC), isto é, como *rede de comunidades*. Pretendemos, de forma conclusiva, apontar caminhos de superação na linha das CEBs (Comunidades Eclesiais de Base).

Acredito que não é possível construir o novo sem levar em consideração a estrutura paroquial milenar sobre a qual a ação pastoral está assentada. Tenho acompanhado, como assessor nacional, a caminhada das CEBs e percebo que aqui está um nó.

Fizemos opção por um texto mais leve e sintético. Contudo, será possível perceber que a síntese não está desprovida de fundamento. Ao longo deste trabalho aparecerão algumas citações nas quais se podem perceber o fundamento. Evitamos apenas não rechear com muitas citações.

Enfim, a intenção é que a leitura deste trabalho possa ser uma espécie de *raio "X"* do que não está revelado diretamente nos textos oficiais, dirigidos a todo *Povo de*

---

2. Trata-se de um documento do Regional Sul 1, publicado em 1980, como resultado de diversos encontros realizados no final da década de 1970. Chama-se *Pastoral de Comunidades e Ministérios*, São Paulo: Paulinas.

Deus, leigos/as e clérigos. Tenho encontrado ministros ordenados que parecem não ter feito uma boa iniciação na fé. Sim, jovens presbíteros cujo modelo ministerial se espelha nos *padres midiáticos* e não em um enraizamento da vida do povo. Assim, quando assumem uma paróquia podem agir como se estivessem à frente de um auditório repleto de fãs e não de comunidades de irmãos e irmãs.

Estamos em um momento decisivo para a Igreja. A Barca de Cristo se tornou muito grande e manobrá-la não é uma tarefa fácil. A decisão de mudança no rumo precisa ser rápida e é preciso contar com a participação de todo o Povo de Deus. Temos um caminho sinodal pela frente. Este trabalho se coloca no início do caminho, mas a nossa esperança é que se instaure um processo que não terminará em 2023, mas continuará sendo aprofundado em uma Igreja toda ela ministerial e sinodal.

1 O contexto atual

O mundo mudou e está em crise, é fato[3]. E a complexidade do processo de mudança exige uma capacidade de análise que supera, em muito, o objetivo deste trabalho. Mas podemos apontar algumas características um tanto quanto consensuais.

Que a mudança atingiu a Igreja, também é fato. Se assim não fosse não haveria Concílio Vaticano II. A grande questão é como compreender o impacto desta mudança e os caminhos que devem ser trilhados diante dela. Falar em mudança na Igreja Católica é difícil, pois logo aparecem lembranças quanto à doutrina, dogmas, leis etc. Evidentemente, é possível pensar e propor perspectivas doutrinárias, dogmáticas e legais sem alterar o elemento fundamental e essencial. Mas não é tarefa fácil, e não apenas no sentido cognitivo, diria, sobretudo no aspecto das consequências para a estrutura institucional. Passaremos

---

3. Uma interessante síntese sobre tal situação se pode encontrar na obra narrativa de John Lukács: *O fim de uma era* (Rio de Janeiro: Zahar, 2005).

um tanto quanto ao largo desta seara, embora seja necessário um aprofundamento também nesta direção[4].

Contudo, seria um grande equívoco propor caminhos sem a verificação do *chão* em que se está pisando. Este erro tem sido frequente nas indicações dos caminhos pastorais. Costumo dizer que muitos *têm dado respostas velhas para perguntas novas*. O que faremos agora é pontuar algumas questões subjacentes ao nosso trabalho pastoral nos dias atuais, sem as quais a meta se perde logo no começo.

1.1 O mundo

É um subtítulo um tanto quanto pretensioso. Nenhum livro, mesmo com muitas páginas, daria conta. Mas uma simples olhada em um livro de história nos permite algumas verificações óbvias.

Do nascimento do cristianismo ao advento do que veio a ser chamado de *cultura moderna* praticamente não houve grandes mudanças. Mais ou menos quinze séculos. Há certo consenso de que os primeiros passos da Modernidade começaram no século XVI. Portanto, um longo período. Trata-se de um tempo bastante enraizado na mentalidade eclesial. A Reforma Protestante, justamente no século XVI, só foi possível porque este novo processo cultural estava em curso. Portanto, o cristianismo convi-

---

4. Um bom exemplo desta dificuldade é a discussão em torno da Exortação *Amoris Laetitia*, do Papa Francisco. A recepção não tem sido nada fácil.

veu, mesmo com adversidades, como nos trezentos primeiros anos, com um paradigma cultural que não questionava o modelo religioso de explicação de praticamente tudo o que existia.

O mundo moderno mudou o eixo fundamental de explicação da vida e da sociedade, no qual Deus não é mais a centralidade como fundamento do caminhar histórico. Evidente que tal realidade não significou o crescimento substancial do ateísmo, mas mudou a relação entre as pessoas e o instrumento de comunicação simbólica com Deus: a religião. Evidentemente também não foi um processo que tomou toda a realidade de uma só vez.

Esta história possibilitou o crescimento da inovação, de formas novas para pensar e construir a realidade. Saberes diferentes daqueles que predominavam até então começaram a ganhar espaço, e o mundo conheceu as ciências modernas. Teologia e Filosofia perderam a hegemonia. Avanços tecnológicos permitiram o aumento da velocidade na distribuição do conhecimento. E hoje, mesmo que fundamentalistas mais cautelosos procurem alguma forma de afirmar dados científicos atuais na Bíblia, com o exemplo da afirmação absurda de uma *terra plana*, não podem fugir de alguns consensos, como a existência de dinossauros e a dimensão do universo, dentre tantas outras coisas.

A centralidade da vida, pensada como individualidade, levou também a mudanças na configuração dos mecanismos de produção. A relação produção/trabalho/consumo mudou. Consequentemente, o modelo agrícola, até então predominante, foi substituído, paulatinamente, pelo industrial. Atualmente, até mesmo o modelo industrial vai perdendo força de geração de riqueza para outras perspectivas econômicas.

No interior desta nova realidade, as cidades ganharam grande importância. Grandes centros urbanos se constituíram, e em nosso tempo a população mundial é predominantemente urbana. Lembremo-nos da citação na introdução, isto é, as paróquias foram constituídas dentro do modelo rural. Uma reflexão mais profunda sobre a urbanização – embora já se encontre abordagens desde o final da década de 70 do século XX –, ainda não ganhou corpo na Igreja. A vida urbana hoje alcança em torno de 85% da população planetária, sem falar no fato de que, mesmo morando em zonas rurais, a mentalidade urbana tem alcançado praticamente todas as pessoas, sobretudo a juventude.

Assim, diante deste processo, podemos sintetizar a reação que configura a crise atual em três atitudes básicas fundamentais: o fundamentalismo, a indiferença, e o diálogo. É interessante lembrar que a fé cristã deu passos significativos de fidelidade ao Caminho de Jesus Cristo, ao longo da história, justamente quando foi capaz de ir ao encontro dos desafios com uma postura dialogal. Quando, por alguma razão, tropeçou – o caso Galileu é emblemático –, a Igreja amargou anos de atraso no diálogo. Registre-se que há um observatório de astronomia no Vaticano que, aliás, deveria ser mais prestigiado.

Estamos pontuando sob a categoria *fundamentalismo*, de forma bem genérica, toda posição que repudia verificar qualquer avanço humano no processo de constituição da Modernidade. Muitos chegam a ponto de *demonizar* esta realidade. No nível social, por exemplo, temos presenciado o crescimento dos diversos tipos de fascismo. Outros procuram simplesmente voltar a um passado que não pode mais ser reconstituído. Temos assistido, no interior da Igreja Católica e de outras Igrejas e religiões, tal atitude, com o respectivo crescimento da intolerância. No interior desta situação o diálogo é quase impossível.

Sob a categoria *indiferença*, colocamos aquela parcela da população que não está disposta a enfrentar os desafios. Procura seguir o fluxo da dinâmica social sem buscar nada novo, mas também não se agarra a soluções do passado. Talvez aqui esteja a maioria, mas não temos condições de medir. A categoria *sem religião*, por exemplo, cresce mais do que qualquer religião oficial.

Finalmente o *diálogo*. Pretendemos estar aqui. Tudo indica que não se pode mais simplesmente retomar o passado, mas também não se pode ir ao futuro irresponsavelmente. Não é um caminho fácil. Não há uma receita. Não há como esperar por soluções mágicas. Mas devemos, determinantemente, buscar novos caminhos. Em todo capítulo II da EG o Papa Francisco constata tal necessidade. Mesmo não pretendendo fazer um diagnóstico completo, ele apresenta uma série de fatores que precisam ser levados em consideração para qualquer ação pastoral. Discorrendo sobre os desafios do mundo urbano, por exemplo, no n. 71 ele afirma:

> A nova Jerusalém, a cidade santa (cf. Ap 21,2-4), é a meta para onde peregrina toda humanidade. É interessante que a revelação nos diga que a plenitude da humanidade e da história se realiza em uma cidade. Precisamos identificar a cidade a partir de um olhar contemplativo, isto é, um olhar de fé que descubra Deus que habita nas suas casas, nas suas ruas, nas suas praças. A presença de Deus acompanha a busca sincera que indivíduos e grupos efetuam para encontrar apoio e sentido para a sua vida. Ele vive entre os citadinos promovendo a solidariedade, a fraternidade, o desejo de bem, de verdade, de justiça. Essa presença não precisa ser criada, mas descoberta, desvendada. Deus não se esconde de quantos o buscam com coração sincero, ainda que o façam tateando, de maneira imprecisa e incerta.

Portanto, devemos, minimamente, diagnosticar em que chão estamos pisando para realizar a ação evangelizadora. Contudo, como a Igreja tem buscado ser sensível a este chão?

1.2 A Igreja

A Carta a Diogneto, antigo texto do século II, afirma que os cristãos devem se misturar à vida citadina sem se confundir com ela. Portanto, a Igreja sempre esteve, de alguma forma, inserida na vida social, política e econômica da realidade da qual faz parte, sem se confundir com nenhuma estrutura institucional do poder vigente.

No entanto, seria muita ingenuidade admitir que em sua configuração humana, e não enquanto expressão do Mistério de Cristo, a relação Igreja e sociedade tenha se dado de modo perfeito. Em cada novo tempo a Igreja é convocada pelo Espírito para ser fiel ao projeto de Jesus Cristo. Assim, ela influencia a sociedade e a sociedade a influencia naquilo que não é contrário ao Evangelho. Basta passar pela história. No interior deste processo, não há dúvida, do ponto de vista sociológico, houve situações nas quais a Igreja, em seus membros, desviou-se do projeto de Jesus Cristo.

No contexto da cultura moderna, podemos afirmar, sem medo de errar, que desde Leão XIII (eleito papa em 1878 e falecido em 1903), há um esforço para entender e se relacionar com a Modernidade. O que foi a Encíclica *Rerum Novarum (1891 – RN)* senão um diálogo com a nova realidade social, política e econômica que vinha se constituindo há bastante tempo? O mundo do trabalho se reconfigurava a olhos vistos. O papa, por exemplo, vai tratar do tema *greve,* tema que para muitos, ainda hoje, é tabu. As metrópoles aparecem com força. Portanto, a RN é uma tentativa evidente para buscar orientação dentro de uma nova realidade.

Na verdade, a cultura moderna custou a ser assimilada pela Igreja. Até porque se trata de um modelo cultural muito diferente daquele que se vivia até então. Sabemos bem que o caráter *teocêntrico* – isto é, Deus no centro de tudo como explicação da realidade de todas as coisas – foi substituído pela capacidade humana de entender os acontecimentos sem que houvesse ação direta de Deus. Ora, qual o noticiário hoje, no Ocidente ou no Oriente, que abriria uma notícia catastrófica afirmando que "Deus está irado com o mundo"? Mesmo sendo, ainda hoje, uma relação conflituosa, só uma atitude fundamentalista colocaria em Deus a responsabilidade pelas catástrofes.

Contudo, uma parte do esforço teológico das últimas décadas tem sido perfeitamente capaz de conciliar este desenvolvimento cultural com uma genuína fé cristã. Não há incompatibilidade entre o saber humano, a ciência e a experiência de sentido da vida em um Deus amoroso e libertador[5].

Na Igreja Católica a porta do diálogo se abriu, definitivamente, com o Concílio Vaticano II (1962-1965). Não tem sido um diálogo fácil, até porque não se supera quase dois mil anos de um modelo em pouco mais de cinquenta. Pode-se discordar do que será dito agora, mas não vejo alternativa para a Igreja. Para ela ser fiel a Jesus Cristo se faz necessário ser sempre uma "Igreja em saída", como diz o Papa Francisco. O problema é que muitos confundem esta dinâmica como se estivesse alterando o que é essencial. De novo lembramos o Papa São Paulo VI na EN no n. 25:

---

5. Neste trabalho não temos condições de verificar mais detalhadamente o que foi dito acima. Participei de uma obra coletiva que procurou dialogar com a teoria da evolução: RUBIO, A.G.; AMADO, J.P. (orgs.). *Fé cristã e pensamento evolucionista*. São Paulo: Paulinas, 2012. Escrevi o capítulo "O futuro que se abre ao presente em evolução – Encontro entre teologia e teoria da evolução no discurso escatológico".

Na mensagem que a Igreja anuncia há certamente muitos elementos secundários. A sua apresentação depende, em larga escala, das circunstâncias mutáveis. Também eles mudam. Entretanto, permanece sempre o conteúdo essencial, a substância viva, que não se poderia modificar nem deixar em silêncio sem desvirtuar gravemente a própria evangelização.

Vamos exemplificar. A missa rezada em latim é essencial ou secundária, na perspectiva apontada por Paulo VI? Se fosse essencial, o Concílio Vaticano II teria se equivocado gravemente quando permitiu a missa em língua vernácula, seria uma heresia. O Concílio não afirmou que o latim não serviu, durante séculos, para expressar o rito de forma condizente com o Evangelho, mas disse que ele não é mais necessário. Aqui está o ponto central do processo de evangelização. Muitos provocaram confusão querendo restaurar o rito latino de forma abrangente. O Papa Francisco precisou fazer um documento para esclarecer a situação: Carta Apostólica, sob forma de *motu proprio*, do Papa Francisco, *Traditionis Custodes*, sobre o uso da Liturgia Romana anterior à Reforma de 1970 (16 de julho de 2021).

Nestes anos pós-Concílio se estabeleceu uma tensão que ainda não foi resolvida. E ela passa pelo critério de interpretação do Vaticano II. Há quem diga que o Concílio estabeleceu uma ruptura com o passado por um lado, e há quem diga que ele é simplesmente uma continuidade atualizada do mesmo modelo eclesiológico decorrente do passado.

Para nós, o critério fundamental deve ser o mesmo utilizado entre o Primeiro e o Segundo testamentos. Há, simultaneamente, uma ruptura e uma continuidade. Não podemos afirmar, por exemplo, que Jesus Cristo não acrescenta nada ao passado judaico, mas também não podemos afirmar que Ele inove em tudo. Assim também deve ser a Igreja: guardar o depósito fundamental da fé, mas ao mesmo tempo ser capaz de perceber, como diria São João XXIII, os *sinais dos tempos*. Todas as vezes que esta dinâmica não funciona a Igreja passa a ter dificuldades para se relacionar com o mundo; passa, em uma expressão muito utilizada pelo Papa Francisco, a ser autorreferencial.

Assim, se queremos pensar em renovar o trabalho pastoral, o processo de evangelização, e consequentemente a estrutura paroquial, será necessário levar em consideração esta realidade. Vamos, então, verificar como a paróquia foi e tem sido diante das mudanças acontecidas na Modernidade.

1.3 A paróquia

Para a grande maioria dos católicos, incluindo, evidentemente, os bispos, parece muito natural que a paróquia tenha que ser o que é. Contudo, levando em consideração os itens anteriores e a realidade da paróquia no seu contexto atual e, ao mesmo tempo, sua respectiva história, a evidência de que a paróquia tenha que ser o que é não é tão natural assim.

A discussão sobre a realidade da paróquia não é nova. Logo após o Concílio Vaticano II começaram os questionamentos quanto ao modelo paroquial tradicional. Já foi citado na introdução o esforço que o Regional Sul 1 fez no final da década de 70 do século XX para apontar novos caminhos. Porém, o Código de Direito Canônico (1983) privilegiou o caráter territorial. Mais recentemente a CNBB aprovou o Documento 100 (Comunidade de comunidades: uma nova paróquia, 2014), que por si só demonstra que a situação não é tão tranquila assim.

Porém, mesmo que a nossa intenção não seja a de propor, diretamente, um modelo que ainda não tenha o reconhecimento oficial do magistério eclesial católico, não podemos deixar de buscar uma alternativa para construir o novo. Nenhuma proposta nova, dentro de qualquer processo, se estabelece sem uma análise da situação em que se vive. E mesmo com todo o esforço de procurar correções possíveis no interior da estrutura paroquial atual, não se pode deixar de reconhecer os limites. É isto que queremos reconhecer nesta breve contextualização.

José Comblin, que foi um dos teólogos mais profundos na crítica à realidade da paróquia depois do Concílio, fez em 1989 um balanço bastante provocativo de como a realidade urbana influencia a paróquia[6]. Nele podemos identificar algumas questões-chave que permanecem ex-

---

6. Tenho o texto, ainda mimeografado, onde consta o balanço acima: *Notas a propósito da Igreja e sociedade urbana*. (Este texto foi apresentado pelo Pe. José Comblin no Seminário sobre "Evangelização e Modernidade", promovido pelo Instituto Nacional de Pastoral, realizado em Brasília, de 17 a 19/11/1989.) Encontrei referência deste texto em uma seleção bibliográfica sobre Pastoral Urbana em *Estudos Teológicos*, 36 (2), 1996, p. 165-168; também, segundo a referência, mimeografado.

tremamente atuais: burocracia, competição clerical, não percepção da mobilidade urbana, diversificação na identidade dos indivíduos, fraqueza no caminho espiritual diante de ofertas consistentes no mundo moderno, pouca capacidade de lidar com a dimensão da liberdade tão inerente a nossa época, e por fim, entre outras questões, o que ele chama de *cativeiro paroquial*, isto é, o enredamento da paróquia em si mesma. É o que o Papa Francisco tem afirmado, repetidas vezes, com o conceito de autorreferencialidade[7].

Vamos exemplificar para perceber melhor o que estamos querendo dizer. Primeiramente, no campo da espiritualidade[8]. A Igreja Católica tem um patrimônio riquíssimo para oferecer, mas muitas vezes a paróquia se limita a caminhos espirituais que não levam em consideração este patrimônio. Têm crescido, por exemplo, os grupos do chamado "Terço dos homens". Evidentemente nenhum problema em rezar o terço. Mas aqui pode haver dois reducionismos: a manutenção de um grupo masculino fechado em si mesmo e a não percepção do fato de que existem outros métodos e caminhos para o enriquecimento da vida espiritual, tanto individual como comunitária. Exemplos: Leitura Orante da Bíblia e Ofício Divino das Comunidades.

---

7. Se Comblin estivesse vivo talvez ele acrescentaria um outro: *invencionismo litúrgico.*

8. Sabemos bem que espiritualidade não se limita a métodos de oração. Mais à frente teremos um capítulo sobre esta questão.

Ainda se poderia discorrer quanto a determinados modelos de oração que muitas vezes vão em direção contrária do profundo sentido da proposta original, como exemplo a multiplicação superficial de adorações fora do contexto teológico eucarístico, ou ainda o chamado "cerco de Jericó"[9].

Outro exemplo é o sentido de participação. Em um mundo onde cada vez mais o cidadão e a cidadã são chamados a participar, com todos os limites que a democracia certamente tem, não é possível tratar cristãos leigos e leigas como súditos, ou, pior ainda, com certa infantilidade. E depois fica-se perguntando a razão pela qual pessoas saem da Igreja Católica. O sínodo sobre a sinodalidade convocado pelo Papa Francisco será uma grande oportunidade para alargar o nosso horizonte em relação a isso.

Os exemplos poderiam se multiplicar. Mas apenas queremos chamar atenção para o fato de não estarmos buscando fazer, suficientemente, de nossas paróquias um espaço no qual a pessoa se sinta integrada a uma proposta de sentido fundamental de sua existência, que certamente passa pelo encontro com o Caminho de Jesus Cristo em sintonia com a realidade em que vivemos. Sem esta conexão não haverá possibilidade de afirmar a

---

9. Trata-se de uma liturgia que procura unir o episódio bíblico do Livro de Josué com adoração eucarística, cuja justificativa teológica e eclesial é extremamente frágil. Cf. o artigo do Pe. Guilhermo D. Micheletti disponível em http://www.vidapastoral.com.br/edicao/o-cerco-de-jerico-uma-critica/

profundidade da proposta cristã. Ao contrário, podem-se predominar perspectivas fundamentalistas ou mesmo de uma fé mágica. Podemos delegar aos chamados *novos movimentos eclesiais* a articulação pastoral das paróquias desfigurando seu caráter universal. E as consequências podem ser trágicas no futuro.

Por isso, vamos, a seguir, começar a procurar fundamento e pistas para trilhar o caminho que o Concílio Vaticano II abriu para a Igreja no mundo de hoje. Assim como em concílios anteriores – como Éfeso, Calcedônia, Trento, dentre outros – sempre se procurou a relevância da fé no meio do mundo, o Vaticano II é a nossa referência atual. E o Papa Francisco, com sua valiosa sensibilidade pastoral, tem nos indicado pistas muito propícias para dar continuidade ao projeto eclesiológico conciliar. É o que faremos nos próximos capítulos.

2 Entendendo a Igreja do Concílio Vaticano II

Geralmente os críticos ao Vaticano II carecem de um argumento fundamental para discorrer sobre este Concílio. Trata-se da falta de percepção histórica de como o cristianismo sempre esteve pronto a dialogar com a realidade cultural. Ao banalizar ou relativizar as decisões do mesmo, não percebem que estão corroendo uma dinâmica que é própria da herança deixada pelas primeiras comunidades: ir em direção àqueles/as que querem, sinceramente, fazer do Caminho de Jesus o caminho de sua própria vida. Como não recordar o caso da circuncisão relatado nos Atos dos Apóstolos? Assim, queremos recordar a ideia-chave da eclesiologia do Vaticano II, isto é, Igreja Povo de Deus, e apontar para uma perspectiva que se apresenta na sensibilidade pastoral de Francisco, isto é, uma *Igreja poliedro*[10].

---

10. Poliedro é uma figura geométrica cujas faces estão sempre voltadas uma para a outra. Ele pode ser de diversos tipos.

2.1 Igreja Povo de Deus

Vivemos, sobretudo nas últimas décadas, dias complicados para apresentar fundamentos de questões que nos parecem óbvias. Em passado recente, quando desejávamos aprofundar uma questão recorríamos a uma biblioteca. Agora, temos a internet, instrumento de extremo valor, pois tem facilitado enormemente a nossa vida, mas pode ser usado superficialmente. Se "clicarmos" no Google o tema "Igreja Povo de Deus", é possível encontrar de tudo. E aí, dependendo dos "óculos" que usamos para identificar as informações, poderemos parar em um lugar que vai na direção contrária ao espírito do Concílio.

Existe larga bibliografia sobre o assunto. A clássica obra *Mysterium Salutis*, no seu volume IV/2 sobre a Igreja, de 1975, já pontuava a centralidade do tema *Igreja Povo de Deus* para o Concílio Vaticano II, e esta obra não pode ser catalogada, de modo algum, como vanguarda de uma teologia progressista. Contudo, houve tentativas de afirmar que este eixo central foi interpretado equivocadamente por uma teologia mais progressista, querendo indicar que tais interpretações desqualificavam a hierarquia. Assim, propuseram uma *eclesiologia de comunhão*, que não é falsa, mas que só pode ser afirmada no contexto de resgate que o Concílio faz de uma Igreja que caminha para ser sinal do Reino de Deus no mundo. A centralidade é o Reino e não a Igreja.

Ora, o parágrafo anterior tem apenas a pretensão de mostrar para um/a possível leitor/a desavisado/a que a fala de uma Igreja como Povo de Deus não tem caráter de exclusão, mas sim de inclusão, e não representa nenhuma novidade. Na verdade, como se tem repetido muitas vezes, trata-se de um retorno às fontes, onde o Batismo é o fator fundamental, e não a função exercida na Igreja. O Papa Francisco tem recordado incansavelmente tal perspectiva.

A carta do Papa Francisco enviada ao Cardeal Marc Ouellet, presidente da Pontíficia Comissão para a América Latina, em 16 de março de 2016, é uma bela síntese de como ele retoma a centralidade eclesiológica da Igreja como Povo de Deus, embora faça isso em vários outros textos, sobretudo na *EG*. Difícil, nesta carta, escolher pontos para exemplificar, pois toda ela está permeada da compreensão conciliar de modo bem prático. E aqui está a questão. Pode-se aceitar, conceitualmente, a eclesiologia do Vaticano II, mas existe uma enorme dificuldade de colocar a mesma em prática. Mas vamos escolher alguns pontos da carta[11].

*O pastor não se compreende sem um rebanho, que está chamado a servir. O pastor é pastor de um povo, e o povo deve ser servido **a partir de dentro*** (p. 12). Portanto, o pastor não pode se autocompreender como um *príncipe, um monarca*, que se coloca acima do povo como uma autorida-

---

11. Encontra-se publicada pelas Edições CNBB como *Documento da Igreja 31*. Ao final de cada citação indicaremos no corpo do texto a página onde se encontra.

de infalível[12]. Mesmo o Código Canônico não determina decisões sem a busca do consenso.

Ninguém foi batizado sacerdote nem bispo. Batizaram-nos leigos e é o sinal indelével que jamais poderá ser cancelado (p. 12). No pós-concílio a teologia do Batismo foi bastante retomada, pois o Concílio justamente enfatizou este dado fundamental da tradição cristã. Não existe originalidade aqui. Porém, entre a década de 80 do século XX e a escolha de Francisco, esta realidade foi bastante abafada. Em determinados ambientes católicos quando é afirmado tal dado da sã doutrina parece que se está afirmando uma heresia. Na *Lumen Gentium, 9,* afirma-se com evidência que a identidade do Povo de Deus é *a dignidade e a liberdade dos filhos de Deus, em cujos corações o Espírito Santo habita como num templo.*

Confiemos no nosso Povo, na sua memória e no seu "olfato", confiemos que o Espírito Santo aja em e com ele, e que este Espírito não é só "propriedade" da hierarquia eclesial (p. 14). Evidente que, subjacente a tal afirmação, não existe uma teologia do Espírito de cunho neopentecostal, mas sim o reconhecimento da ação completamente livre de Deus por dentro da história. Pode-se constatar em nossos dias afirmações sobre o Espírito Santo que privilegia pessoas ou grupos, incluindo manifestações que distorcem uma compreensão mais profunda. Deus não pode ser manipulado. Ninguém é "dono", como diz o papa.

---

12. Naturalmente não estamos falando de infalibilidade papal.

Não é o pastor que deve dizer ao leigo o que fazer e dizer, ele sabe tanto e melhor que nós (p. 15). Vamos contextualizar esta frase. Veja bem, eu sou leigo, e muitas vezes espero dos meus irmãos presbíteros e bispos uma palavra de orientação. Entendo que Francisco está se referindo ao monopólio do saber, do aconselhamento. Tratam-se, muitas vezes, leigos e leigas como crianças. Então, o fiel se torna incapaz de dar um passo sem antes saber a opinião do clérigo. Rouba-lhe sua autonomia de tomar decisões em sua vida com um profundo discernimento, onde sua própria experiência conta e a palavra de outros amigos e amigas também conta.

É óbvio e até impossível pensar que, como pastores, deveríamos ter um monopólio das soluções para os múltiplos desafios que a vida contemporânea nos apresenta (p. 16). A problemática do mundo de hoje exige um discernimento profundo em diversas direções. Não há mais espaço para uniformizações, para receitas que determinem um único caminho. Não é possível, portanto, que uma única pessoa dê conta de tudo sozinha. Se ao longo da história humana sempre foi verdade que somos seres que existimos de forma interdependente, agora, mais do que nunca, é esta uma realidade mais do que necessária. Por isso, o *Discernimento* (deve ser) *com o nosso povo e nunca para o nosso povo nem sem o nosso povo* (p. 16).

Assim, uma imagem que se desdobra da aplicação de uma eclesiologia de Igreja como Povo de Deus é o que Francisco vai chamar de Igreja como poliedro.

2.2 Uma Igreja como poliedro – Categoria de Francisco

Em nenhum documento, de forma explícita, Francisco utiliza a expressão *Igreja como poliedro*. Encontrei este conceito, pela primeira vez, no seu discurso aos participantes no Encontro Mundial dos Movimentos Populares, na ex-sala do sínodo, em 28 de outubro de 2014:

> Sei que entre vós há pessoas de diversas religiões, profissões, ideais, culturas, países e continentes. Hoje estais a praticar aqui a cultura do encontro, tão diversa da xenofobia, da discriminação e da intolerância que vemos com muita frequência. Produz-se entre os excluídos este encontro de culturas no qual o todo não anula a particularidade, o todo não anula o particular. Por isso me agrada a imagem do **poliedro**, uma figura geométrica com muitos lados diversos. O poliedro reflete a confluência de todas as parcialidades que nele conservam a originalidade. Nada se dissolve, nada se destrói, nada se domina, tudo se integra. Hoje estais a procurar a síntese entre o local e o global. Sei que estais comprometidos todos os dias em coisas próximas, concretas, no vosso território, no vosso bairro, no vosso lugar de trabalho: convido-vos também a continuar a procurar esta perspectiva mais ampla; que os vossos sonhos voem alto e abracem o todo![13]

---

13. Também no n. 236 da EG aparece a terminologia *poliedro*. Mas no texto acima há uma ampliação do conceito.

De lá para cá tenho dito que o papa propõe uma imagem que indica muito melhor o modelo eclesiológico para o mundo de hoje: não se trata de circularidade, onde pode haver o desrespeito pela diferença, pois corremos o risco de subsumir no interior do círculo; e muito menos de uma pirâmide, onde a base é completamente abafada. Trata-se de contemplar a diversidade como *dom de Deus*, sem uniformidade cultural.

Há algum tempo atrás tive uma surpresa do Espírito. Um amigo, o Pe. Luis Miguel Modino, espanhol que trabalha no Brasil, emprestou-me o livro de um bispo também espanhol, Raúl Berzosa Martínez: *Pueblo de Dios, Inculturación y Pobres – Claves teológico-eclesiales del Papa Francisco (Povo de Deus, inculturação e pobres – Chaves teológico-eclesiais do Papa Francisco)*. Eu não conheço o bispo, e certamente muito menos ele teria lido algo que eu tenha escrito. Quando chego à página 72, na qual ele começa a elencar dez pontos da eclesiologia do Papa Francisco, no ponto cinco encontro o seguinte: *Há que plasmar uma Igreja ecumênica, de unidade na diversidade; poliédrica e não circular;* ou seja, a percepção desta imagem parece que se alarga.

Contudo, quais poderiam ser as consequências práticas desta imagem? De novo, aqui está a questão. Pode-se até aceitar a imagem, mas não agir conforme a imagem. As palavras-chave que o Papa Bergoglio utiliza muito, *misericórdia, diálogo e discernimento*, são fundamentais para um agir pastoral poliédrico. Cada face tem sua riqueza própria. Parece, nos dias de hoje, que não aprendemos com os Padres da Igreja[14], como São Justino, com a sua *teologia das sementes do Verbo*. O Verbo de Deus está em todo lugar, até mesmo onde imaginamos que Ele não se encontra. Como é grande a tentação de nos colocarmos no lugar de Deus no trabalho pastoral.

Somos desafiados/as a encontrar caminhos pastorais que respondam ao homem e à mulher de hoje. Como é difícil, para muitos, perceber que isso não é uma novidade. O cristianismo sempre fez isso. Gosto de citar um exemplo interessante. Quando pergunto em palestras quando foram definidos os sete sacramentos, a maioria absoluta das pessoas que se afirmam católica não sabe. Foi apenas no Concílio de Trento (1545-1563), ou seja, a Igreja permaneceu muito mais tempo sem definição quanto aos sacramentos do que com a realidade dos sete sacramentos. Evidentemente não podemos ser irresponsáveis com a Tradição e com a sensibilidade popular, mas, ao mesmo tempo, não podemos permanecer em um legalismo rubricista, sem sensibilidade para perceber, como disse o Papa São Paulo VI, o lugar do essencial no processo de evangelização.

---

14. "Padres da Igreja" é uma expressão que denota grandes pensadores cristãos, e ao mesmo tempo sensíveis pastoralistas, que foram responsáveis pela base dogmática e doutrinária dos primeiros seis séculos de existência do cristianismo, tais como Santo Inácio de Antioquia, São Justino, São João Crisóstomo, Santo Ambrósio, Santo Agostinho, dentre outros.

Assim sendo, a partir do próximo capítulo, vamos realizar algumas sugestões que possam ser um ponto de partida para um encaminhamento pastoral mais profundo da realidade de nossas paróquias, que acreditamos ser um passo para a afirmação de uma paróquia sinodal.

3 A organização fundamental das paróquias

Neste capítulo vamos apresentar conceitos que são chaves se queremos uma realidade paroquial em sintonia com o Concílio Vaticano II. O primeiro deles é o de *sinodalidade*[15]. Desde o início do pontificado de Bergoglio ele estabeleceu este princípio resgatado pelo Concílio. Ao nomear uma equipe de cardeais para refletir, junto com ele, a reforma da Cúria, estava realizando este princípio. Quando amplia as consultas por ocasião dos sínodos realizados até agora, como o Sínodo da Família, segue o mesmo caminho. O Sínodo para a Amazônia foi extremamente participativo. E, enquanto este livro está sendo divulgado, estamos vivendo o Sínodo sobre a sinodalidade. Ora, as paróquias precisam, urgentemente, retomar esta prática. E tal prática também necessita ser

---

15. A palavra *sínodo* é de origem grega e etimologicamente significa *fazer juntos, caminhar juntos*. Na Igreja Católica existe uma longa tradição sinodal que foi retomada pelo Concílio Vaticano II.

constituída na própria dimensão física, geográfica, territorial das paróquias.

Na sequência do princípio anterior vem a questão administrativa. Temos constatado muitos problemas neste campo, inclusive em dioceses. Se o princípio sinodal não se estende à administração pode acontecer um estrangulamento, ou ainda pior, na realidade do mundo consumista de hoje, até escândalos financeiros. Então, vamos desenvolver alguns elementos básicos deste fator.

Ainda na esteira da sinodalidade, é preciso haver um planejamento pastoral coletivo, levando em consideração todos os elementos que constituem a construção do processo de evangelização. E, ao mesmo tempo, a dimensão da acolhida. Fiquei em dúvida se a colocava aqui. Porém, como acolhimento é muito mais do que o grupo na porta da Igreja dando boas-vindas, e perpassa o conjunto das relações humanas, tanto para dentro da Igreja como para fora, preferi colocar aqui.

3.1 Sinodalidade

Como nosso objetivo é bem prático, não vamos desenvolver a teologia subjacente a este conceito. Teremos oportunidade, por conta do Sínodo, de estabelecer um processo sinodal nos próximos anos. Contudo, existe ampla literatura teológica sobre o mesmo. Do ponto de vista do Magistério, o princípio eclesiológico central se encontra na *Lumen Gentium (LG)*. E neste documento sobre a Igreja se resgata uma dimensão que estava um tanto quanto abafada, mas que São João XXIII retoma com a convocação do Concílio e no discurso da Primeira Sessão do mesmo em 11/10/1962, no qual, como bem sintetizou na introdução brasileira ao Compêndio do Vaticano II o então Frei Boaventura Kloppenburg, OFM, que chegou ao episcopado no Brasil, *quis o Vaticano II ser pastoral, ecumênico e doutrinário*[16].

Pode-se opor, equivocamente, à dimensão sinodal da Igreja a sua estrutura hierárquica. Fala-se de caráter consultivo, recorrendo ao Código Canônico, como já salientado na introdução, mudando a intenção fundamental do Concílio, pois *consultivo* não é igual a *informativo*. O caráter consultivo supõe abertura ao diálogo, disposição para mudança de opinião, discernimento a fim de encontrar o melhor caminho[17].

Ora, o Papa Francisco tem relembrado, insistentemente, que uma autorreferencialidade é uma traição ao Vaticano II e uma péssima escolha pastoral, pois na realidade do mundo de hoje se torna incapaz de construir pontes. Na Jornada Mundial da Juventude no Rio de Janeiro, em

---

16. Podem-se encontrar pessoas que desqualificam as decisões conciliares por conta do conceito *pastoral.* No entanto, tais críticas são completamente infundadas, pois no Concílio o termo está completamente vinculado ao doutrinário.

17. Nesta direção há uma importante obra que demonstra inequivocamente o que foi dito acima. Trata-se do livro do Pe. Antonio da Silva Pereira, português que dedicou praticamente toda a sua vida ao Brasil e à Igreja, buscando demonstrar, como ótimo canonista que foi, de que forma o Código deveria ser interpretado, isto é, à luz do Concílio Vaticano II. E o meu professor morreu logo depois desta publicação: *Participação dos leigos nas decisões da Igreja Católica.* Rio de Janeiro/São Paulo: PUC-Rio/Loyola, 2014.

2013, perguntava aos bispos da Comissão de Coordenação do Celam (Conselho Episcopal Latino-americano)[18]:

> Temos como critério habitual o discernimento pastoral, servindo-nos dos Conselhos Diocesanos? Tanto este como os Conselhos Paroquiais de Pastoral e de Assuntos Econômicos são espaços reais para a participação laical na consulta, organização e planejamento pastoral? O bom funcionamento dos Conselhos é determinante. Penso que estamos atrasados nisso.

Pode-se afirmar que na maioria das dioceses do Brasil e em suas respectivas paróquias foi implantado o mecanismo de participação via Conselhos. Mas a questão de fundo é que a implantação não basta por si mesma. Se não há, como diz o papa, *um discernimento pastoral* no qual se leve em consideração os diversos fatores necessários para uma boa decisão, estes Conselhos se transformam em uma caricatura de participação. Temos visto, em muitos locais, isto acontecer. E pior, até o funcionamento de paróquias onde sequer existem Conselhos.

E certamente que a constituição dos conselhos deve passar por um mecanismo de ampla participação. É fundamental usar ferramentas como *assembleias*, processo de escolha no qual os critérios estejam bem descritos, e que não seja apenas por indicação dos bispos e dos padres. Tal procedimento gera um grande esforço, trabalho, paciência, mas o resultado se aproxima mui-

---

18. Discurso do Papa Francisco aos bispos responsáveis do Celam, 28/07/2013.

to mais daquela posição *neotestamentária: nós e o Espírito Santo decidimos que...*

É muito interessante observar como um conceito tão antigo como *sinodalidade* seja tão atual. Não há mais espaço no mundo hoje para o isolamento, o fechamento em si mesmo. Qualquer projeto que vise trabalhar na perspectiva de ajudar seres humanos, em qualquer âmbito, precisa estar sintonizado com todas as pessoas que acreditam na paz, na fraternidade, na solidariedade e na dignidade fundamental do ser humano. Assim, o conceito é fundamental para a Igreja se abrir ao diferente. Como diria Comblin, não há mais espaço para uma *seita em competição com outra.*

Certamente que se constata o crescimento de fundamentalismos, de autoritarismos, até de fascismo, mas não podemos afirmar, diante da história do século XX, que tais posições estão em conformidade com os consensos construídos após a Segunda Guerra Mundial, como a questão dos *direitos humanos,* muito menos com o Evangelho de Jesus Cristo. Estas posições significam um suicídio para a humanidade. Significa o retorno de uma dinâmica de desintegração social, com estímulos a ódios e preconceitos.

Portanto, levando em consideração a realidade histórica, o espírito do Vaticano II, e em conformidade com o que o Papa Francisco tem orientado, o caminho para a Igreja é se organizar de forma sinodal nas dioceses, paróquias e comunidades.

A *sinodalidade* deve estar refletida também na própria estrutura territorial das paróquias. Como a norma canônica ainda amarra a paróquia a um determinado território é necessário uma criatividade pastoral para não deixar que a lei abafe o espírito. Nesse sentido, o documento 100 da CNBB tenta superar os limites. Mas ainda há espaço, sem um confronto direto com a lei, para buscar saídas mais participativas. Para funcionar como comunidade de comunidades a figura da MATRIZ precisa sair de cena. Todas as Igrejas de um determinado território precisam estar articuladas em uma rede de comunidades. Se houver apenas uma Igreja, esta deve procurar setorizar para atender a relações humanas mais próximas. E se a paróquia é muito grande, pode-se setorizar a própria paróquia como o documento 100 prevê. É preciso crescer na compreensão de que a paróquia não é uma *sede* e sim um espaço de atuação pastoral. Não cabe a alguém de uma comunidade afirmar: "vou lá na paróquia". A paróquia é a *rede de comunidades*. A diocese não é uma sede. Alguém de uma paróquia não deveria dizer: "vou lá na diocese", pois ele está na diocese.

Também é preciso abrir espaços para comunidades que ultrapassem a questão geográfica. Fala-se disso há muito tempo, mas na prática estamos quase na estaca zero. Comunidades por afinidades. Chama-se de *comunidades ambientais*, mas hoje a palavra ambiental se presta a confusão, pois se pode confundir com questões de meio ambiente. Contudo, sobretudo na realidade urbana, há um vazio muito grande de atendimento às pessoas que não congregam em um território. Um caso exemplar é o atendimento de moradores de rua.

Finalmente, mas sem ser o fim de todas as questões, pois não caberia em nossa proposta aqui, é preciso formar equipes paroquiais. Uma paróquia pode ter um pároco do ponto de vista canônico e administrativo, mas nada impede, e seria imperioso, a formação de equipes, seja com mais de um presbítero, seja com presbíteros, leigos/as e religiosos/as. Tenho visto os chamados *vigários paroquiais* serem tratados como ajudantes de segunda categoria, e não cooperadores no processo evangelizador.

Enfim, tudo deve convergir para um sistema de cooperação articulado com todas as forças vivas da paróquia. A Igreja não é uma democracia, mas também não é uma monarquia absoluta. É uma comunidade de irmãos e irmãs que procuram caminhar com o Senhor Jesus no meio do mundo, e nada impede que existam procedimentos democráticos na busca do consenso.

3.2 Administração

Outro fator de suma importância passa pela administração: econômica, trabalhista e patrimonial. Em uma perspectiva sinodal, esta questão não deveria ser um problema. Porém, justamente pela ausência de transparência, acaba sendo, e em muitos casos gravíssimo. Como o Código Canônico afirma que o bispo e o pároco são os primeiros responsáveis desta tarefa, muitas vezes ela é feita de forma absolutista e ainda não leva em consideração a realidade específica das leis civis sob as quais as dioceses estão submetidas. É bem verdade também que o Código, neste caso, prevê uma série de dispositivos para garantir o bom cumprimento das questões administrativas, mas um entendimento fechado do Código pode permitir uma série de desvios, uma vez que se pode estabelecer como critério de interpretação uma eclesiologia diferente daquela que é oriunda do Vaticano II.

Toda paróquia deve ter um *conselho econômico*. Cremos não ser tão complicado realizar uma boa administração se há uma estrutura participativa e transparente, isto é, se existe um compartilhamento das necessidades no espírito que encontramos nos Atos dos Apóstolos: *os cristãos tinham tudo em comum*. É extremamente contraditório, por mais que cada diocese tenha autonomia, que não exista uma maneira de repartir os bens de forma mais paritária. Dioceses ricas do lado de dioceses pobres, paróquias ricas do lado de paróquias pobres. Isto não é evangélico!

Dom Mauro Morelli, bispo emérito da Diocese de Duque de Caxias e São João de Meriti, RJ, nos últimos anos em que estava como bispo titular, tentou construir o que ele chamou de *plano de comunhão de bens* nessa Igreja local. O processo foi iniciado, algumas paróquias conseguiram até realizar uma boa experiência. Mas com sua saída, aos poucos o plano foi perdendo força. Naturalmente a ideia poderia ser criticada, no entanto me parece um absurdo não construir algo na Igreja que vá nessa direção.

Ora, soube de casos em que o presbítero recolhe as ofertas ao final da missa e leva para a casa paroquial. Não há aqui nenhuma acusação de desonestidade, mas que no contexto do mundo de hoje tal atitude pode levar alguém a cair em tentação, não há dúvida.

Assim, embora não se possa estabelecer uma regra comum para todos os lugares, o critério da ampla participação e da transparência deve ser o norteador da organização da administração. Muitas vezes se trata os fiéis como crianças, como pessoas incapazes de lidar com tal realidade, ou ainda se coloca a questão da segurança, isto é, a divulgação da contabilidade induziria a possíveis perigos. Se há muita riqueza que não pode ser divulgada é porque ela não está sendo bem empregada. E é possível, nestes casos, mesmo não havendo uma ampla divulgação, que se estabeleçam conselhos econômicos nos quais se dividam responsabilidades e pelo menos a informação seja compartilhada por este Conselho.

Parece-me que aqui os diáconos permanentes poderiam atuar mais de perto, bem como nas questões sociais que serão abordadas no capítulo 5. Não tem sentido ordenar alguém para fazer funções ministeriais que podem ser executadas por ministros e ministras não ordenados. Não tem cabimento que os padres gastem a maior parte de seu ministério para administrar. Parece, em muitos lugares, que o critério para afirmar a bondade de um padre é se ele fez obras materiais: reformou um altar, mandou trocar a cor da igreja etc.

Portanto, o caráter *sinodal* perpassa todas as realidades da ação pastoral de uma paróquia. Vamos continuar a identificar outros aspectos.

3.3 Planejamento pastoral

As indicações anteriores não podem ser colocadas em prática sem planejamento. É óbvio, mas nem sempre realizado. Muitas vezes se tem um comportamento no qual se acredita que a população católica disposta a frequentar as paróquias irá, nos dias de hoje, facilmente atender a uma programação estabelecida rotineiramente todos os anos. Com os católicos eventuais ainda é mais difícil, e com os não católicos nem se fala. Claro que há um público cativo, e em um cenário de milhões de habitantes, apesar das baixas, o catolicismo ainda é maioria. Por certo que muitas igrejas estão cheias. Mas qualquer frequentador ou morador de periferia, o meu caso, sabe que não é assim que funciona. As periferias, as favelas, os rincões, com honrosas exceções, estão predominantemente abandonados.

Vamos exemplificar para entender melhor. No bairro em que moro – Gramacho, Duque de Caxias, RJ –, a paróquia é dedicada a São Sebastião. Assim sendo, sabe-se que em todos os 20 de janeiro há procissão, e ai do padre que não a fizer, pois o sincretismo religioso com Oxóssi da Umbanda nesta região é forte. Então, marca-se um horário, escolhem-se algumas ruas, cantam-se alguns cantos, e pronto! Tudo resolvido! Lembrem-se, estamos em uma grande periferia urbana. Enquanto a procissão passa tudo continua. No botequim se bebe, no mercado se compra, na Igreja evangélica se dá glória ao Senhor, se mata e se morre. Seria necessário parar e pensar melhor nesse evento, verificar estratégias, buscar soluções. Certamente em uma cidade do interior pode ser diferente. Mas de qualquer forma, o contexto de hoje é muito diferente.

O exemplo acima é apenas um, e talvez nem seja muito relevante, mas não se pode simplesmente cair em um mecanismo de pura repetição. Não significa que se deva inovar sempre; evidentemente, não é assim[19]. Contudo, é preciso planejar. É incrível como muitas vezes em uma mesma cidade, onde as fronteiras das paróquias são invisíveis, não se faça um planejamento comum. O risco de cada paróquia ser um *feudo* é enorme. Adicionalmente, o trabalho pastoral em uma paróquia deve estar sintonizado com um planejamento diocesano, algo ainda mais difícil.

Equipes e coordenações pastorais precisam sentar e visualizar os desafios da realidade. Preparar o ano litúrgico dentro do conjunto de acontecimentos que perpassam a vida em um determinado contexto social. Enfim, verificar as possibilidades de encontrar as sementes do Verbo onde elas se encontrem. *Deus habita a cidade*, diz

---

19. E há inovações que podem ser verdadeiros pesadelos. Na Semana Santa as mídias digitais costumam viralizar com cenas litúrgicas de causar vergonha a qualquer católico que entenda um pouco de liturgia.

Bergoglio em artigo ainda como cardeal de Buenos Aires, que é uma imagem bíblica. É preciso entender bem que "Igreja em saída" não é apenas um movimento de ocupações de praças ou *shoppings*. Não se trata de promover *shows* e sim de estabelecer um vínculo com a população na qual a paróquia está inserida.

Agora no período da pandemia do Coranavirus está se perdendo uma grande chance de buscar caminhos. Parece que o único trabalho é celebrar missas pelo Facebook.

Planejar supõe estudar, pesquisar, analisar, investigar, conhecer pessoas e lugares sob os quais se dará uma determinada ação. Não posso chegar a uma paróquia e imediatamente reestruturar os mecanismos que foram construídos naquele lugar sem conhecer e respeitar as histórias ali vividas. Infelizmente, acontece muito. Um presbítero – e se vem de fora da região, pior ainda! – pode chegar e querer de pronto transformar a paróquia à sua imagem e semelhança.

De novo, parece óbvio, mas não é. "As tentações dos agentes pastorais" (EG 76-109) é grande. O Papa Francisco usa imagens fortes: *acédia egoísta, roubar a esperança, psicologia do túmulo, múmias de museu, pessimismo estéril, roubar a comunidade, mundanismo espiritual, neopelagianismo autorreferencial, roubar o Evangelho, caça às bruxas*, e muitas outras. Não é demais citar inteiramente o n. 96:

> Neste contexto, alimenta-se a vanglória de quantos se contentam com ter algum poder e preferem ser generais de exércitos derrotados antes do que simples soldados de um batalhão

que continua a lutar. Quantas vezes sonhamos planos apostólicos expansionistas, meticulosos e bem traçados, típicos de generais derrotados! Assim, negamos nossa história de Igreja, que é gloriosa por ser história de sacrifícios, de esperança, de luta diária, de vida gasta no serviço, de constância no trabalho fadigoso, porque todo trabalho é "suor do nosso rosto". Em vez disso, entretemo-nos vaidosos a falar sobre "o que se deveria fazer" – o pecado do "deveriaqueísmo" – como mestres espirituais e peritos de pastoral que dão instruções ficando de fora. Cultivamos nossa imaginação sem limites e perdemos o contato com a dolorosa realidade do nosso povo fiel.

Portanto, até quando vamos continuar fingindo que a solução está em manter estruturas falidas? Até quando ficaremos surdos aos apelos da realidade? Até quando não escutaremos a voz do Mestre que dizia a respeito do povo: Estão como ovelhas sem pastor? Até quando teremos medo de nos enlamearmos? (EG 49)

3.4 Acolhimento

Diz o Papa Francisco na EG 127: *Ser discípulo significa ter a disposição permanente de levar aos outros o amor de Jesus; e isso sucede espontaneamente em qualquer lugar: na rua, na praça, no trabalho, num caminho.*

Certa vez encontrei pelo caminho uma senhora que não frequentava muito regularmente a comunidade em que participo. Sorri, cumprimentei e falei seu nome. Nada demais. Porém, como ficou agradecida! Então, em outra oportunidade ela me disse que em uma determinada comunidade da qual ela participou, fora do espaço da igreja ninguém a reconhecia.

Um diretor de filme, o americano Tom Shadyac, dirigiu filmes famosos como *O Todo-poderoso*; depois de um acidente no qual quase morreu, resolveu mudar de vida. Fez um belo documentário chamado: "I AM – Eu Sou" (2010). Entrevistou muitas pessoas importantes como o bispo anglicano Desmond Tutu. Mas também entrevistou o seu próprio pai, que morreu um ano antes do término do filme. Na entrevista, o pai, um católico, diz algo muito interessante. Afirma não entender como pessoas vão a uma igreja, ficam felizes por uma hora e meia, até se emocionam, mas, quando termina a celebração, entram em seus carros e só voltam a se encontrar no próximo domingo. Na missa se encontram brancos, negros, hispânicos, se abraçam, mas depois é como não se reconhecessem mais.

Como já foi indicado, acolhimento não pode ser apenas um comitê de boas-vindas à porta da igreja. É preciso que a comunidade crie laços reais de fraternidade, partilha, preocupação pelo outro. *Os cristãos tinham tudo em comum.*

Assim sendo, é preciso criar condições para que o relacionamento humano possa se dar dentro do espírito evangélico. Confraternização, visitas, gestos concretos de solidariedade uns para com os outros. Sem a velha desculpa de que é difícil, de que as famílias estão se fechando etc.

Na pequena comunidade da qual participo, logo após a celebração tomamos um café juntos. Fazemos confraternizações internas, onde inclusive se pode, sem problema algum, tomar uma *cervejinha*, pois ninguém vai ficar bêbado[20]. Certamente que em uma comunidade grande isso não é possível, mas se podem criar grupos, setores, para poder manter um relacionamento mais próximo. O que não se pode é ir à missa todo domingo e não saber nunca o nome de quem está sentado ao seu lado. A comunidade paroquial não pode ser apenas uma prestadora de serviços religiosos, mas um lugar de encontro entre pessoas que aceitaram fazer o Caminho de Jesus Cristo.

Tenho observado que as migrações para outras igrejas dificilmente acontecem por uma questão doutrinal. Quase sempre tem uma questão de fundo humano que pode estar revestida de uma questão doutrinal. F. Nietzsche, filósofo ateu bastante conhecido, dizia que a maioria dos cristãos tinha cara de vinagre. Acho que ele pode ter razão. Podemos encontrar pessoas que por conta de suas idiossincrasias tratam as outras com muito menosprezo.

A forma como as lideranças e os presbíteros tratam as pessoas pode alterar profundamente a recepção de algum valor positivo. Sim, somos humanos, podemos não

---

20. Tem havido uma verdadeira obsessão com a questão das bebidas alcoólicas. Certo que em uma festa aberta, tipo festa do padroeiro, não convém ter bebidas. Mas em uma festa de família, de amigos e irmãos/ãs podemos, sem exagero, partilhar a alegria também desta forma. Muitas vezes colocamos a lei acima do amor. É mais fácil seguir a lei do que o amor. Chega-se ao cúmulo de afirmar que nas *bodas de Caná* era suco de uva, que Jesus não bebia vinho.

ser capazes de estar sempre atentos/as aos mecanismos psíquicos que norteiam a nossa vida, mas podemos, sim, pedir perdão, reconhecer que erramos, e abraçar os irmãos e as irmãs. Que coisa tremendamente humana, e por isso tremendamente divina, as atitudes do Papa Francisco no que diz respeito ao reconhecimento dos limites humanos, como pedir perdão às vítimas dos casos de abuso no Chile. Isso não o diminui, ao contrário, só faz com que o admirem cada vez mais.

Portanto, tendo por base os quatro pontos apontados aqui neste capítulo, podemos, a partir de agora, exemplificar com algumas iniciativas pastorais.

4 Perspectivas pastorais da paróquia para dentro da Igreja

Neste capítulo começaremos a apontar algumas sugestões. Como já foi indicado, o "para dentro" (*ad intra*) e o "para fora" (*ad extra*) é uma divisão didática. Na realidade dos processos de vida em sociedade não existe possibilidade de uma ação ser totalmente isolada de interferências mútuas.

Uma ação religiosa pode ter, ainda que subliminarmente, uma dimensão política. E uma ação política, por exemplo, também pode ter uma conotação religiosa. Aliás, no momento, esta é uma ilusão muito presente. Pessoas podem acreditar que estão fazendo afirmações sem nenhuma influência ideológica, mas o conteúdo do que falam favorecem ou rejeitam uma determinada posição. Se for dito, por exemplo, que "a monarquia é vontade de Deus" ou que a "escravidão não é pecado" o que vai embutido dentro dessas expressões? Não é difícil concluir: Deus aprova a monarquia e legitima a escravidão.

Assim, pontuaremos perspectivais pastorais na linha de provocar, em sintonia com tudo o que foi dito até agora, a construção de um caminho que possa enfrentar os desafios do mundo de hoje. Para tanto, é preciso estabelecer uma *pedagogia* que seja capaz de verificar que há uma clara distinção entre *informação e experiência*. E sempre na linha de condução da proposta deste texto, não temos condições de delinear com detalhes os elementos de tal processo pedagógico, mas a de chamar a atenção para aquilo que não aparece em textos sobre o mesmo assunto, inclusive em textos do magistério.

Em livro publicado em parceria com minha esposa foi colocada uma parte que denominei de *prelúdio*. Parte que justamente foi escrita por ela: *Prelúdio: um olhar sobre a pedagogia da Rede Celebra*. Nesse texto ela apresenta dificuldades e soluções possíveis dentro dos processos de formação eclesial que, muitas vezes, repetem fórmulas prontas, como nos processos educacionais de uma forma geral, que não ajudam ao aprofundamento da experiência fundamental do ser cristão[21]. Ora, as cinco perspectivas escolhidas para o capítulo pressupõem a afirmação do que é dito no texto citado: *Conhecer é, portanto, um processo de emancipação, autonomia e liberdade*[22]. Do contrário, o que se fará com a pessoa será uma doutrinação fundamentalista.

---

21. Cf. CARIAS, C.P.; CRUZ CARIAS, A.J. *Outra teologia é possível, outra Igreja também*. Petrópolis: Vozes, 2016.

22. Ibid., p. 27.

Entre as muitas virtudes do Papa Francisco está justamente a grande sensibilidade pedagógica. Exemplos, comparações, histórias, fatos que ajudam a penetrar, com profundidade, no mistério. Vale a pena ler o n. 171 da EG no qual ele faz referência à necessidade de relacionar conhecimento e experiência.

Mas vamos às cinco perspectivas.

4.1 Iniciação cristã

Talvez aqui esteja um *nó* dos mais difíceis de desamarrar hoje em dia no processo pastoral paroquial. O cristianismo se entrelaçou tanto com a realidade cultural, sobretudo no Ocidente, que tornou a relação entre a adesão ao Caminho de Jesus e a realidade social quase natural. No caso do Brasil, onde o número de católicos já foi quase 100% da população, as pessoas não visualizavam outro horizonte que não fosse a pertença ao catolicismo ou, em nossos dias, ao cristianismo, já que a pertença a outras denominações cristãs cresceu bastante. É bem possível que a mesma coisa aconteça com pessoas que estejam em outras tradições religiosas por muitas gerações, possivelmente em países de maioria islâmica, por exemplo.

Existe uma boa literatura sobre os processos de iniciação, na qual se pode encontrar um amplo repertório de conteúdo, o que não é nossa intenção neste trabalho. Mas, recentemente, a CNBB publicou o Documento 107, aprovado na 55ª Assembleia Geral, 2017: *Iniciação à vida cristã: itinerário para formar discípulos missionários,* onde se podem encontrar boas perspectivas para desenvolver um processo de iniciação.

Porém, quando uma criança, um adolescente, um jovem, um adulto, uma família, se aproximam da iniciação cristã, do que precisamos para ir ao encontro dessas pessoas de tal forma que elas possam, no limite dos condicionamentos sociais e culturais, fazer uma experiência de encontro com o Caminho de Jesus Cristo?

Ora, embora se faça necessário programa e planejamento bem-estruturados, sempre de acordo com a eclesiologia do Vaticano II, antecede e supõe constituir um ambiente acolhedor. E, como já indicado, acolhimento não pode ser reduzido a uma estratégia de recepção da pessoa. Talvez, todo ano, a paróquia deveria fazer um grande retiro para refletir sobre si mesma, o seu caráter autoacolhedor, da experiência de viverem todos e todas como irmãos e irmãs.

Qualquer conteúdo, qualquer metodologia, qualquer estrutura de organização falhará se toda a comunidade paroquial, sempre no limite humano de quem a compõe, não se esvaziar, como o Mestre Jesus (Fl 2,1-11), de toda e qualquer prepotência de *levar Deus às pessoas*. Ele, Jesus Cristo, sendo de condição divina, se fez escravo. O ser humano é imagem e semelhança de Deus, portanto o máximo que podemos fazer é ajudar as pessoas a reconhecer isto em sua trajetória de vida. Esta é a essência do que se deveria entender por *missão*.

Fico impressionado como a lógica da concorrência do *mercado* penetra em nossas paróquias. Festas do padroeiro, onde a barraca "A" concorre com a barraca "B". A pastoral "A" que se julga mais importante do que a pastoral "B", a coordenação que se coloca como autoridade acima de tudo e de todos, e quando é intitulada como *diretoria*, escolhendo presidentes e vices, pior ainda. Alguém pode perguntar: O que isso tem a ver com iniciação? Ora, posso ter um *introdutor*[23] que seja um santo, mas se percebo na comunidade à qual irei pertencer um ambiente de extrema rivalidade, saio correndo. Assim, a iniciação nem começa! Não se pode reduzir a iniciação a um conjunto doutrinário a ser assimilado.

Nos dias de hoje não posso acolher uma criança na comunidade sem levar em consideração a realidade familiar que ela vive, mas sem preconceitos. Como diz o Papa Francisco, não podemos transformar a Igreja em uma alfândega fiscalizadora que parte logo para a condenação. Não se trata de aprovar possíveis circunstâncias de desestruturação familiar, mas de propor caminhos de superação dentro das possibilidades daquele ser humano concreto, e não de um ideal humano que, muitas vezes, eu mesmo não sou capaz de atingir.

Recentemente foi divulgado um encontro emblemático de Bergoglio com uma criança na Itália. Ela chorava

---

23. Categoria usada no Rica (Ritual de Iniciação Cristã para Adultos, que foi bem explicitado no Documento 107 da CNBB). *Introdutor/a* é a pessoa que faz o primeiro acolhimento do catecúmeno durante certo período.

porque sendo o pai um ateu que falecera há algum tempo, outras crianças afirmavam que o pai dela estava no inferno, pois era ateu. O papa a acolheu em seus braços e cochichou algo em seu ouvido, e logo após disse para todos os presentes que aquele homem, sendo um bom ser humano, de algum modo rezava por todos naquele momento. Certamente esta criança vai lembrar-se disso para o resto da vida. Deus, que já mora em seu coração, poderá ser explicitado no seu itinerário espiritual sem muito esforço. Agora, o contrário poderia significar esta criança se fechando completamente para qualquer aproximação com a Boa-nova se o papa dissesse: "sinto muito, criança, seu pai era ateu, e neste momento deve estar no fogo do inferno".

Dou aula na PUC-Rio, Setor de Cultura Religiosa. Recebo muitos alunos/as oriundos/as de escolas católicas. Raramente eles lembram como algo valioso a experiência religiosa que lá tiveram. Uma vez um aluno me disse: "Poxa, professor, fui até crismado na escola que estudei". Estava querendo justificar uma resposta sobre Jesus que não cabia, e além de tudo era bastante relapso. No entanto, já encontrei ateus/ateias que ficaram admirados do projeto de Jesus Cristo que eles não conheciam.

Muitos dos que hoje frequentam as paróquias não foram bem-iniciados. Arrisco em afirmar que muitos seminaristas estão chegando aos seminários sem serem iniciados. E a formação seminarística não garante a mesma iniciação. Assim sendo, seria interessante que antes de propor qualquer programa de iniciação a comunidade paroquial percebesse de que forma ela mesma consegue abrir espaço para o encontro com o Caminho de Jesus dentro de sua realidade. Não um encontro que se reduza a uma experiência emocional, mas que, sem deixar de "tocar o coração", possa começar um processo no qual se vá descobrindo resposta para duas perguntas fundamentais da existência humana: *Quem é Deus? Quem sou eu?* Para nós cristãos a resposta se encontra em Jesus de Nazaré. Se não sou capaz de reconhecer Deus que se encontra no outro e na outra não encontrarei Deus na Eucaristia. Posso até chorar diante do Santíssimo, mas estarei adorando não a presença de Deus revelada em Jesus Cristo, mas um ídolo, se tal encontro não me levar a ser sinal desta presença para os irmãos e irmãs. Aquele que diz que ama a Deus, mas odeia o seu irmão, é um mentiroso (1Jo 4,20-21).

Se a porta da iniciação for bem aberta, todo o resto acontecerá com algum sucesso. Ouvi uma história certa vez que ilustra bem este item. Um amigo foi à missa em um lugar muito distante da sua região. Presidiu a celebração um ministro ordenado que não dominava bem o português. Ao término da homilia perguntou a quem estava ao seu lado: "Você entendeu o que ele falou?"; resposta: "Entender não entendi não, mas que o padre é bom, é". Ou seja, o testemunho é fundamental.

4.2 Catequese de criança

Não tenho trabalhado diretamente com catequese faz anos. Atuei mais de perto nos anos 80 do século XX. Mas a impressão que tenho é de estagnação. Ao se tentar superar a metodologia de memorização, que de fato estava ultrapassada, não se conseguiu encontrar caminhos pelos quais pudesse introduzir crianças e adolescentes no Caminho de Jesus a partir da nova realidade do mundo de hoje.

Minha filha fez a sua iniciação catequética no século XXI. E, sinceramente, pude vivenciar na década de 80 do século XX processos mais próximos ao caminho pedagógico do mundo de hoje do que os realizados com minha filha. Certamente existem exceções, mas creio que há ainda um longo caminho pela frente.

A catequese de criança não pode ser separada daquilo que foi apresentado no item anterior, pois certamente ela faz parte do processo de iniciação. Tampouco se pode pretender realizar um processo de iniciação, seja de que ordem for, sem levar em consideração os mecanismos pelos quais o ser humano constrói conhecimento. A própria escola falha, e falha muito neste processo[24]. Ora, o que se assiste na catequese com crianças é, muitas vezes, uma repetição dos processos escolares que já vêm sendo questionados há décadas. E pior, infelizmente, em mui-

---

24. Aurelina Carias, no texto citado na nota 21, afirma: "O modelo, ou a estrutura pedagógica exercida nos programas de formação que conhecemos ou que já fizemos parte, está baseado em uma organização escolar e em sua estrutura pedagógica. Mesmo que desconheçamos pedagogia, usamos as mesmas referências teóricas ou visões sobre o conhecimento e o ato de conhecer pertencentes ao universo escolar. Tornando mais claro: a escola, como instituição no Brasil, tem uma estrutura bastante arcaica (antiga), chegamos a chamá-la de conservadora ou positivista. Boa parte delas acredita que são os mecanismos de *repetição, transmissão e fragmentação* os responsáveis para que o conhecimento aconteça e a aprendizagem se realize", p. 22-23. Ledo engano achar que Paulo Freire influenciou nossas escolas.

tos casos, com qualidade inferior. Certamente que não se pode culpar as/os catequistas, mas sim os mecanismos de iniciação eclesial que não dão a devida importância a este processo.

O Papa São João Paulo II, ainda no início de seu pontificado, exatamente em outubro de 1979, escreve uma brilhante Exortação Apostólica, *Catechesi Tradendae* (A catequese para o nosso tempo), na qual constata uma série de elementos necessários para uma renovação catequética. E também a Igreja no Brasil, através do documento "Catequese renovada – Orientações e conteúdo", CNBB/26, de 1983, aponta de forma bem didática quais os princípios que devem nortear o processo catequético. Porém, pouco se avançou. Sempre escutamos a mesma reclamação: "Uma centena de crianças iniciou a catequese e poucas ficaram na comunidade".

Os dois documentos citados acima, e muitos outros textos, apontam para um dado fundamental: *a comunidade eclesial é o principal espaço catequético*. Aqui está a chave da questão. Voltamos ao ponto 3.4 deste trabalho (Acolhimento). Diz o n. 283 do documento *Catequese renovada*: *Para uma verdadeira catequese não basta planejar o bom andamento de um conjunto de temas. Trata-se, a partir das exigências expostas, de promover a integração da caminhada da comunidade cristã com a mensagem evangélica.*

Setores consideráveis da sociedade hodierna consideram que a família é o espaço da educação, e a escola do ensino. Consideramos esta posição um dualismo que não leva em consideração a realidade completamente interacional do mundo de hoje. Na mentalidade urbana de nossos dias se não nos cercamos de relações de ajuda mútua, dificilmente estaremos protegidos dos mecanismos de desumanização. Já vi muitas famílias boas, corretas, extremamente dedicadas aos filhos, verem um deles cair na dependência química. E apontar o dedo para estas famílias dizendo que elas falharam é muito cruel. Enfim, deve-se afirmar que estamos metidos no interior de uma sociedade na qual não existe imunidade absoluta para nenhuma influência.

Ora, do mesmo modo, a Comunidade Eclesial não pode apenas ser um espaço de ensinamento para as crianças, mas deve ser ao mesmo tempo um espaço de crescimento humano. Assim, a vida comunitária deve ser vivenciada para além daquele encontro específico entre catequista e catequizando. A criança precisa sentir que aquele ambiente é um ambiente de encontro, é um lugar onde pode, além da família, experimentar algo que será construído ao longo da sua vida. Conteúdos doutrinários devem ser propostos, mas não é, nesta fase, o elemento fundamental. Seria tão bom se pelo menos tivéssemos herdado o legado indígena de que toda tribo educa uma criança.

4.3 Liturgia

Nos últimos anos, graças à chamada "Rede social"[25], como já foi indicado em nota, temos assistido verdadeiras

---

25. Seria melhor falar de mídias digitais, pois não formam redes e nem socializam tanto como se apregoa. Formam "bolhas".

aberrações no que se refere à liturgia. Desde o Santíssimo entrando na igreja pendurado em um drone, até padre dando *show* de dança. Muitas cenas de causar vergonha a qualquer católico que tenha iniciação em liturgia. Fico abismado com certas pessoas que acham desrespeito entrar com uma Bíblia dançando na igreja, um gesto de inculturação bem brasileiro, e acham o máximo um drone carregando o Santíssimo.

Não foi por acaso que o Papa Francisco gastou vários números da EG (135-159) para esclarecer o papel da homilia na liturgia. Realmente, muitas vezes se ouve cada atrocidade! E não é uma questão apenas de preparo intelectual. É uma questão de sensibilidade. Muitas vezes uma pessoa simples consegue falar mais ao coração do povo do que um doutor em Teologia.

Portanto, a paróquia tem aqui um desafio. Ela precisa ser um espaço no qual se garanta o encontro celebrativo com o Senhor. Como nos afirmou o Concílio Vaticano II, a "liturgia é o cume e a fonte da vida da Igreja" (SC, 10), não é um espetáculo. É um momento de encontro privilegiado com o Senhor. Uma pausa existencial no caminho da história na qual recobramos nossas forças para continuar a testemunhar o Projeto de Vida de Jesus Cristo no meio do mundo. Mais uma vez se constata a importância da iniciação cristã. Onde falha a iniciação, falha a compreensão do papel da liturgia.

Mas é fato que temos milhões de frequentadores de nossas comunidades que não tiveram uma boa iniciação, e aí temos que tentar recuperar o estrago. Tem sido muito difícil, pois até mesmo meios de divulgação de inspiração católicos não têm cooperado. Mas não é impossível.

Celebro o Dia do Senhor em uma pequena comunidade (20 membros), composta de pessoas predominantemente simples. Não há bateria e nem guitarra, apenas um tambor e um triângulo. O silêncio é escutado com frequência. A Palavra desce como a chuva na vida das pessoas. Partilha-se alegrias e esperanças, tristezas e angústias. Essas pessoas hoje não reclamam da ausência de espetáculo, muito pelo contrário, hoje tem enorme dificuldade para celebrar em outro espaço onde não haja condição de olhar para dentro de si, e ao mesmo tempo ser solidário com os acontecimentos da vida e da história. E com muita frequência, depois de uma hora e meia de missa ou celebração da Palavra, ainda há tempo para continuar a celebrar a vida com um cafezinho. Determinantemente, não é impossível.

Também não sou liturgista, mas os/as amigos/as desta área, Pe. Domingos Ormonde, Ir. Ione Buyst e Ir. Penha Carpanedo, minha esposa, e a Rede Celebra, têm me ajudado a verificar que é possível celebrar o Mistério na vida com profundidade e, ao mesmo tempo, levar em consideração os desafios da vida atual. Ter um método de oração é fundamental. A criatividade é importante, mas não se pode relegar à criatividade todo o processo celebrativo. Hoje, mesmo a antropologia, como ciência do ser humano, indica com contundência o papel dos ritos na existência humana. Não se pode improvisar sempre[26].

Uma comunidade, uma paróquia e uma diocese precisam de equipes que se dediquem a preparar as ocasiões litúrgicas. Não se trata apenas de distribuir leituras, escolher cânticos ou preparar acólitos, mas encontrar a mística litúrgica necessária para que, de fato, a liturgia possa cumprir o seu papel. Há de se encontrar caminhos de diálogo, de inculturação, e sem relativizar a riqueza do patrimônio católico sobre esta questão. O que não se pode é ficar na mesmice ou na invencionice. Também não se pode usar a norma como uma espécie de "camisa de força" que limita por demais a possibilidade de encontrar um caminho que vá ao encontro da cultura de hoje. E sempre trabalhando de forma sinodal. Como diz o Papa Francisco no final do n. 159 da EG: *Como é bom que sacerdotes, diáconos e leigos se reúnam periodicamente para encontrar, juntos, os recursos que tornem mais atraente a pregação!*

4.4 A formação

Creio que ninguém nega a necessidade de formação na realidade pastoral de uma paróquia. Mas como garantir um processo formativo que, de fato, seja suporte de *uma evangelização para o aprofundamento do querigma?* (Título do item quatro do capítulo III da EG.) Como ga-

---

26. Escrevi um artigo onde falo mais extensivamente sobre isso: CARIAS, C. CEBs, contexto eclesial e liturgia – Desafios e perspectivas. *Revista de Liturgia*, 259, jan.-fev./2017.

rantir uma formação que não se reduza aos aspectos doutrinários? Constatamos, algumas vezes, até certo medo em oferecer ao conjunto da vida paroquial condições de reflexão que permitam o contraditório. Tem-se medo de perguntas, de questionamentos, de dúvidas que possam servir de base para reelaborar posições. Até o medo de dialogar existe! Há um profundo desconhecimento de que a comunidade do início do cristianismo era uma rica experiência de unidade na pluralidade.

É incrível como o método de pergunta e resposta, que foi praticamente abolido da catequese, continua, mesmo que indiretamente, a ser usado com leigos e leigas adultos, que são tratados como crianças que devem decorar definições e princípios sem construir o caminho pelo qual se chega a uma determinada conclusão.

Formar dá trabalho. Não se colhe resultados em curto prazo. Mas se a semente não for plantada e regada, aí mesmo é que não se colherá nada no futuro. Gosto sempre de lembrar o Papa São Paulo VI no n. 20 da EN: *não se pode evangelizar como que passando um verniz superficial.* Tenho visto muitos galões de verniz por aí!

Desde minha juventude que trabalho com formação. Quando saí do seminário com 23 anos – fui candidato a presbítero – no segundo ano de Teologia, uma das primeiras iniciativas que fiz foi realizar um programa de formação entre os/as amigos/as jovens da paróquia onde morava. Ainda tenho contato com alguns deles. Jovens com capacidade de fazer bons questionamentos, inteligentes, não por minha causa, eu só forneci alguns poucos elementos, mas por sua própria competência. Um deles foi assassinado por fidelidade ao compromisso social. Poucos ficaram na Igreja. A paróquia não conseguiu absorver este potencial.

Há um longo caminho pela frente, pois a formação é exigente em relação a métodos e conteúdos. Contudo, não podemos desanimar. Uma paróquia que não procura oferecer fundamento aos paroquianos está fadada a constituir pessoas fundamentalistas em seu seio.

É preciso oferecer formação em vários âmbitos: teológico, bíblico, sociológico, entre outros. O Papa Francisco lembra na EG 175 a importância do estudo bíblico:

> O estudo da Sagrada Escritura deve ser uma porta aberta para todos os crentes. É fundamental que a Palavra revelada fecunde radicalmente a catequese e todos os esforços para transmitir a fé. A evangelização requer a familiaridade com a Palavra de Deus, e isto exige que as dioceses, paróquias e todos os grupos católicos proponham um estudo sério e perseverante da Bíblia e promovam igualmente a sua leitura orante pessoal e comunitária.

Vivemos hoje com condições tecnológicas que facilitam muito por um lado, mas por outro lado tem aumentado a superficialidade, inclusive com notícias e informações falsas (em *mídias digitais* conhecidas com o nome inglês *fake news*). Além disso, o hábito da leitura e da boa interpretação não está muito presente em nossa realidade. Portanto, o trabalho pastoral paroquial e comunitário precisa ter a formação como parte integrante de seu planejamento.

Oferecemos aqui alguns pontos construídos por minha esposa e publicados no livro já citado neste trabalho, *Outra teologia é possível – Outra Igreja também,* às p. 26-27:

• Toda a formação deve ser entendida como um caminho, e o mesmo não é linear. O processo de formação deve ser feito traçando o mapa do caminho.

• Quem ensina ou coordena deve já ter experimentado o caminho, entretanto deve se manter disposto a fazê-lo *de novo, sem ser novamente* (Gonzaguinha).

• Conhecer com profundidade o conteúdo que se quer disponibilizar e possibilitar com que o outro conheça (ser capaz de produzir ou suscitar o conhecimento no outro/no sujeito da aprendizagem).

• Ter um **método** e algumas ferramentas, e também a clareza de que mesmo sendo uma formação coletiva o processo de construção do conhecimento é da pessoa, embora, em diálogo com os outros (pessoas, ideias, conceitos, experiências etc.).

• Cada pessoa (sujeito da aprendizagem) tem seu tempo e ritmo de aprender e não existem incapazes ou atrasados.

• O espaço no qual se dê a formação se constitua como um ambiente de aprendizagem e ajude a produzir o desejo de aprender; o ambiente não se reduz ao espaço físico, mas também, e principalmente, às ambiências – "um espaço preparado para criar um meio físico e estético ou psicológico próprio para o exercício de atividades humanas, meio ambiente, atmosfera que envolve uma pessoa ou coisa".

• Respeitar e incentivar o tempo do SILÊNCIO e da PAU-SA. Se quisermos atingir a consciência – isto é, a formação da pessoa – precisaremos respeitar e incentivar esse sagrado tempo[27]. Pensemos nisso. Pausemos.

• Respeitar o que chamarei aqui de "princípio da autonomia" no processo de aprender. Este princípio seria certa garantia de que podemos aprender algo ou construir determinado conhecimento sobre um objeto sem precisar carregá-lo conosco[28]. Conhecer é, portanto, um processo de emancipação, autonomia e liberdade.

Por fim, assim como a "Palavra não passa por mim sem deixar seu sinal", qualquer processo que pretenda ser de formação precisa passar/atravessar a pessoa deixando seu sinal de aprendizagem ou aprendizagens.

4.5 A Igreja nas casas

Fiquei em dúvida sobre onde colocar este item. Se no início do capítulo terceiro, ou no final do mesmo. Ou ainda se colocava no início do capítulo quarto. Evidentemente o leitor e a leitora constata o óbvio: ficou aqui.

---

27. Sabemos que, quando reunimos pessoas, queremos aproveitar o máximo do tempo, dar o máximo de informação, oferecer o máximo de atividades, porém, o máximo é pausar. Caso contrário, nossa formação corre o risco de poluir mais do que ajudar as pessoas a se transformarem cada dia mais em PESSOAS.

28. Traduzindo, se estou diante de alguém ou de um livro ou ainda de uma experiência que suscitou em mim um conhecer, esse conhecimento pertence à minha pessoa e não a quem o ajudou a construir em mim.

Concluí que se colocasse lá atrás, sem ter feito o caminho de fundamentação, talvez como a imagem eclesial que predomina em nossa mente é a de uma estrutura física e hierárquica, *Igreja nas casas* passasse apenas como mais um item de estratégia pastoral. Mas não é. No início, os seguidores do CAMINHO – assim se chamavam aqueles/as que aderiam ao projeto de vida de Jesus Cristo – reuniam-se em *assembleias* (a palavra *Igreja* é de origem grega e é este o significado: povo reunido em assembleia)[29].

No início, o espaço da comunidade eclesial era a casa dos/as cristãos/ãs. Com o crescimento das adesões ao projeto de Jesus aconteceram doações de casas que ficavam reservadas, exclusivamente, ao culto. O mais antigo prédio cristão conhecido é a casa-igreja de Dura Europos, às margens do Rio Eufrates, por volta do ano 250. Somente quando o Império Romano deixou de perseguir o cristianismo e o adotou como sua religião oficial é que surgiram as primeiras igrejas (prédios) nos moldes como conhecemos hoje.

Na comunidade eclesial que se reunia pelas casas é que se dava a iniciação, cujo processo começava com a preparação para o Batismo, passava pela Eucaristia e pela Confirmação, ainda hoje chamados de sacramentos de iniciação. Vejam o que diz um antigo manual do missionário (século II) daquele tempo, com o nome de *Didaché*, sobre o batismo: *"No que se refere ao batismo, mi-*

---

29. No capítulo quinto do livro *Teologia para todos*, de minha autoria, publicado pela Vozes, 2006, faço uma síntese mais longa sobre o que afirmo acima.

nistrai-o da seguinte maneira: após terdes ensinado tudo o que precede, 'batizai em nome do Pai, do Filho e do Espírito Santo' (Mt 29,19) na água viva. Se não houver água viva, que se batize (mergulhe) numa outra água; e, na ausência de água fria, na água quente. Se não tiverdes nem uma nem outra, derramai água sobre a cabeça por três vezes 'em nome do Pai, do Filho e do Espírito Santo'. Neste momento era mais comum o batismo de adultos, embora já houvesse batismo de crianças. Mas é interessante observar o sentido da adaptação que a comunidade dos primeiros tempos tinha no que se refere à água. Nada daquele rubricismo no qual tudo precisa ser feito dentro de regras precisas.

A Eucaristia era o centro da vivência espiritual. O cume do processo de vida, comprometida com a história, daqueles/as que seguiam o Caminho de Jesus Cristo. Então, como conta Justino (século II), era comum a reunião no primeiro dia da semana, chamado de "Dia do Sol" (na língua inglesa Sunday), que passará a se chamar, também debaixo da confirmação do Império Romano, de Dia do Senhor (*Dies Dominis*: domingo): *"No dia a que se dá o nome de dia do sol, todos, nas cidades e no campo, se reúnem num mesmo lugar: leem-se as memórias dos apóstolos e os escritos dos profetas, tanto quanto o tempo permitir* (hoje na nossa vida atribulada só lemos três, e às vezes, ainda suprimimos uma leitura). *Quando o leitor terminou, aquele que preside faz um discurso para advertir e para exortar à imitação desses belos ensinamentos. Em seguida, nós nos levantamos e rezamos em conjunto, em voz alta. Depois..., quando acaba a oração, traz-se o pão, juntamente com o vinho e a água.*

Aquele que preside eleva aos céus as orações e as eucaristias (ações de graças), tanto quanto possível, e todas as pessoas respondem com a aclamação AMÉM".

É importante ressaltar que para organizar a vida cristã havia uma riqueza de serviços (ministérios) e uma ampla participação. Em comunidades de origem mais judaica havia um *colégio de anciãos (em grego ancião se chama presbítero)*. A partir da cidade de Antioquia surgem os *missionários itinerantes*, buscando realizar a missão em diversos lugares. Com o crescimento das comunidades surge o *epíscopo* (bispo, palavra grega que significa supervisor), os diáconos e outros. Quanto ao diaconato há um dado interessante. Na carta da "Didascália dos apóstolos" fala-se de **diaconisas** na Igreja da Síria (século III): *"[...] Pois existem casas para as quais não podes enviar um diácono para junto das mulheres, por causa dos pagãos, mas podes enviar uma diaconisa"*. Enfim, a Igreja Una, porque anuncia uma única mensagem, e transmite uma única tradição dos apóstolos, realiza-se na riqueza e diversidade das comunidades onde o Evangelho é assumido na integralidade, dentro da trajetória apontada e vivida por Jesus Cristo, nosso Mestre e Senhor.

Ora, por que fiz questão de relembrar estes elementos históricos? Não podemos simplesmente voltar ao passado. Também não se trata de destruir as catedrais e basílicas, mas as *casas*, neste mundo urbano moderno, continuam sendo o lugar por excelência do encontro. Portanto, toda a movimentação pastoral deve ser em direção à vida das pessoas, no lugar e situação onde se encontram. Não estamos mais em época de gastar grandes somas em dinheiro para construir catedrais, mas de gastar tempo e energia no essencial, e, evidentemente, também recursos econômicos para aprimorar o trabalho evangelizador.

As paróquias, redes de comunidades, devem ser centros irradiadores que possibilitem o encontro fundamental com o Caminho de Jesus. Este modelo tão antigo no cristianismo continua sendo uma proposta que responde ao desafio da vida moderna. *Casas não se confundem* com *lares*, embora eles estejam incluídos. Casas são todos os lugares que permitam, na dinâmica da vida atual, a troca de experiências, o aprofundamento, a solidariedade, a fraternidade, enfim a condição para caminhar juntos. Favelas, morros, condomínios, as periferias territoriais e existenciais. Todos os espaços que não podem ser reduzidos à configuração territorial de uma paróquia.

5 Perspectivas pastorais da paróquia para fora da Igreja

Entramos agora em um assunto espinhoso. Não porque represente uma grande dificuldade cognitiva, mas sim pelo fato de tratarmos de questões que foram extremamente deturpadas nas últimas décadas. Podemos afirmar que existe um projeto de descrédito da política para que o poder dominador possa agir com mais tranquilidade sobre as pessoas. E a política será tema central de três dos quatro itens deste capítulo. Mesmo do quarto item, no sentido de política eclesiástica.

Um dualismo antropológico[30] fortemente arraigado nas mentes e corações dos cristãos em geral contribui enormemente para colocar em lados opostos dimensões

---

30. Dualismo é uma herança da filosofia socrático-platônica que faz uma relação de oposição hierárquica entre corpo e alma. O cristianismo assumiu a linguagem grega, mas não caiu neste dualismo. Afirma uma dualidade integrada em uma única existência querida por Deus. Deus criou homem e mulher integralmente e viu que era bom.

diferentes, mas não antagônicas: corpo e alma, material e espiritual, razão e fé, política e religião etc. Tal dualismo não trata a criação como parte de um processo integral constituído pelo próprio Deus, onde a vida tem um começo e não terá fim. O elo de tudo é o AMOR, como nos orientou o Papa Bento XVI na Encíclica *Deus Caritas Est* (Deus é Amor – DCE), no início de seu pontificado em 2005. Há uma unidade do amor na criação e na história da salvação.

O reflexo do dualismo se dá na própria compreensão de evangelização, quando se separa tais realidades do conjunto da ação pastoral. E pior, quando se coloca uma negando a outra. Porém, o Papa Bento XVI nos lembrou, com veemência, que é da natureza íntima da Igreja realizar o processo de evangelização num tríplice dever: *anúncio da Palavra de Deus* (kerygma-martyria), *celebração dos Sacramentos* (leiturgia), *e serviço da caridade* (diakonia). *São deveres que se reclamam mutuamente, não podendo um ser separado dos outros* (DCE 25).

Assim, embora tratemos de forma separada, por uma questão pedagógica, a ação para fora da Igreja (*ad extra*) é parte fundamental do processo. Não se pode desqualificar tal expressão do amor evangélico. E no ministério pastoral do Papa Francisco encontramos uma atualização contundente de tal expressão. Vamos, então, tomar quatro aspectos que nos conduzem a ser sinal, luz e fermento no meio do mundo.

5.1 O desafio da política[31]

A crise civilizatória que vivemos, mudança de época como afirma o Documento de Aparecida (2007), provoca muita confusão. Como religiões e Igrejas não são imunes a processos sociais, também sofrem consequências desta situação. Porém, é impressionante como se esquece de que somos seres sociais, e, portanto, políticos. Neste contexto, a arte de organizar a cidade: *política* (*polis* é cidade em grego) tem sido duramente atingida. Muita desconfiança, descrédito, e até desesperança. Contudo, somos cristãos/ãs. Não podemos sucumbir ao caos. Também outras religiões, e mesmo ateus, acreditam que sempre é possível reencontrar o caminho de humanização.

O ensino social da Igreja, desde há muito tempo, tem buscado orientar o povo católico. No entanto, como se trata de uma situação complexa, dentro de uma realidade em crise, as respostas práticas podem ser extremamente contraditórias. Um exemplo clássico é ser contra o aborto e a favor da pena de morte. Em processos eleitorais é possível apoiar quem diz defender a família, mas votar em candidatos que podem ser machistas, homofóbicos, racistas, e pior, cometem violência doméstica, entre outras desumanidades, e acaba que o eleito teria mais

---

31. Recentemente escrevi um capítulo de livro publicado pelo Observatório Eclesial Brasil (grupo formado por pessoas que querem ajudar o Papa Francisco em seu ministério) sobre este desafio. O livro é *Todos somos discípulos missionários*. São Paulo: Paulinas, 2017. O capítulo que escrevi é: "A política é a melhor forma de fazer caridade". Aqui farei uma síntese das ideias desenvolvidas ali.

responsabilidade na destruição da família do que a ideia defendida pelo mesmo[32]. Seria de imperiosa necessidade, se queremos defender a família de fato, constituir redes de apoio às mulheres nas estruturas eclesiais.

Assim sendo, não se tem dúvida que a Igreja precisa estar atenta aos acontecimentos da realidade social para testemunhar a dignidade da vida desejada pelo Criador. A fé nos leva a acreditar que a vida nunca terá fim. Ela será consumada na eternidade. No entanto, a vida plena começa aqui e agora. E um elemento contundente de que acreditamos na plenitude da vida é justamente fazer sinais por dentro da realidade histórica concreta. Seres humanos só alcançam o transcendente passando pelo imanente, isto é, não se vai ao céu sem a vida na terra.

Ora, uma paróquia não pode se omitir em se colocar a serviço da vida integralmente. Se assim o fizer não estará sendo fiel ao Evangelho e à Igreja. Uma paróquia que imagina trabalhar para salvar *almas* sem trabalhar pela vida de pessoas de carne e osso não compreendeu nada da mensagem cristã. O Papa Francisco tem dado muitas orientações para que possamos ter elementos de reflexão neste processo. Vamos apontar alguns.

Em *A alegria do Evangelho* (*EG*, n. 53-60), o Papa Francisco clama alguns *"nãos"*: *Não a uma economia da exclusão;*

---

32. Não tenho dúvida em afirmar que a violência doméstica é o principal fator de desintegração da família. Outros fatores são secundários. Recomendo um livro de uma grande amiga que faz um amplo estudo sobre esta questão: MEDEIROS, L. *Em briga de marido e mulher o Estado deve meter a colher: políticas públicas de enfrentamento à violência doméstica*. Rio de Janeiro/São Paulo: PUC-Rio/Reflexão, 2016.

não à nova idolatria do dinheiro; não ao dinheiro que governa em vez de servir; e não à desigualdade social que gera violência. Diz categoricamente: **Essa economia mata.** E imaginar que se possa dizer tais *"nãos"* e prescindir da política seria como imaginar que se possa ensinar alguém a escrever sem um alfabeto. Falando a um grupo de parlamentares franceses, em 10/11/2016, ele ressaltava:

> No atual contexto internacional, marcado por frustrações e temores, intensificados pelos atentados e pela violência cega que dilaceram tão profundamente o vosso país, é ainda mais importante procurar e desenvolver o sentido do bem comum e do interesse geral. Assim gostaria, como os bispos da França, de frisar a necessidade, "num mundo que muda, [de] reencontrar o sentido da política".

Bergoglio promoveu três encontros com os Movimentos Populares[33]. Nestes pontuou de forma brilhante quais as perspectivas que se abrem para a atuação política no mundo de hoje. Mesmo precisando ficar, óbvio, dentro de sua função de papa da Igreja Católica, tem uma profunda percepção da necessidade de ampliação das decisões políticas com todos e todas que são afetados pelas mesmas. No último encontro com os Movimentos Populares (30/11/2016), realizado em Roma, ele disse:

---

33. Fiz uma síntese destes encontros que foi publicada na obra organizada por Francisco de Aquino Junior, Maurício Abdalla e Robson Sávio. O capítulo escrito por mim é: "O Papa Francisco e os movimentos populares". *A necessidade de uma nova mentalidade para buscar justiça social.* São Paulo: Paulinas, 2018, p. 125-136.

Dar o exemplo e reclamar é um modo de fazer política, e isto leva-me ao segundo tema que debatestes no vosso encontro: a relação entre o povo e a democracia. Uma relação que deveria ser natural e fluida, mas que corre o perigo de se ofuscar, até se tornar irreconhecível. O fosso entre os povos e as nossas atuais formas de democracia alarga-se cada vez mais, como consequência do enorme poder dos grupos econômicos e midiáticos, que parecem dominá-las.

O Papa Francisco muito tem nos estimulado a trilhar o caminho da transformação social também pela política. Seus discursos, sobretudo seu testemunho, têm sido um grande alento em um contexto de crise aguda como a atual. Tem nos lembrado que esta atitude é a essência do Evangelho. No primeiro encontro com os Movimentos Populares, ele diz:

> Este nosso encontro responde a um anseio muito concreto, a algo que qualquer pai, qualquer mãe, quer para os próprios filhos; um anseio que deveria estar ao alcance de todos, mas que hoje vemos com tristeza cada vez mais distante da maioria das pessoas: **terra, teto e trabalho.** É estranho, mas se falo disso para alguns o papa é comunista. Não se compreende que o amor pelos pobres está no centro do Evangelho. Terra, teto e trabalho, aquilo pelo que lutais, são direitos sagrados. Exigi-lo não é estranho, é a doutrina social da Igreja. Medito sobre cada um deles, porque os escolhestes como palavra de ordem para este encontro.

A partir das indicações lembradas aqui, o trabalho pastoral de uma paróquia, de uma comunidade, precisa ter por base que o desafio da política, nos próximos anos, não poderá deixar de colocar em pauta a busca de uma democracia participativa, consequentemente uma cidadania ativa, e necessária reformulação do sistema econômico. Um sistema que coloque a pobreza, e consequentemente a igualdade social, como uma questão-chave.

5.2 Pastorais sociais

É extremamente lamentável que as pastorais sociais estejam em baixa na realidade pastoral das paróquias. Existem paróquias que praticamente não têm mais nenhuma expressão deste serviço fundamental. Entretanto, não podemos criticar a sociedade sem sermos testemunhas do contrário. As pastorais sociais são testemunho de que acreditamos em uma sociedade diferente. Elas servem não como uma solução abrangente, mas como uma ação exemplar de que é possível fazer, e muitas vezes com pouco recurso.

Nós, enquanto Igreja, não vamos resolver os problemas sociais. Mas podemos chamar a atenção da sociedade e da própria Igreja quanto a uma determinada situação de injustiça social que não está merecendo esforço suficiente para que haja mudança significativa na qualidade de vida das pessoas. Assim acontece com as Campanhas da Fraternidade (CF), por exemplo. Em muitas ocasiões, quando sou chamado para assessoria sobre a CF, escuto que ela não adianta nada, pois no ano seguinte tudo continua como antes. Então, sempre repito que o objetivo da CF é convocar à conversão e não resolver o problema diretamente. Por isso, ela é lançada na Quaresma.

Se, por exemplo, uma CF reflete sobre *violência* é porque existe uma situação que merece atenção e dedicação para alterar o quadro e criar uma cultura de paz. E para isso não basta rezar. Rezar é muito bom, mas se não entendemos os mecanismos geradores da violência, se não percebemos que existem interesses contrários à paz, podemos justificar o sofrimento e a morte brutal como desígnio de Deus. Temos visto paróquias em que nem o cartaz da CF é apresentado.

Porém, sempre de acordo com a realidade de cada paróquia, além de refletir sobre um tema específico, como nas CFs, faz-se necessário oferecer estruturas mais permanentes de serviços pastorais que sejam o testemunho cristão em uma determinada realidade social, política econômica. E de novo, até mesmo serviços com amplo reconhecimento do magistério da Igreja têm encontrado dificuldade para se estabelecer em muitas paróquias, como, por exemplo, a Pastoral da Criança.

Se em uma determinada região existe conflito de terra, uma Pastoral da Terra se faz necessária. Nos grandes centros urbanos onde a cada dia têm piorado os serviços de atendimento de saúde pública, o sinal de uma Pastoral da Saúde deve se fazer presente. Em uma situação de contínuas migrações, em nosso caso brasileiro com o acolhimento de africanos, haitianos, venezuelanos, dentre outros, ter um gesto de solidariedade concreto com essas pessoas é extremamente importante, afinal a família de Nazaré foi uma família refugiada. E por aí vai.

Agora, para não cair no mero assistencialismo, é preciso que o trabalho pastoral esteja sintonizado com a temática anterior, isto é, a dimensão política. Uma Pastoral da Saúde, por exemplo, que não se preocupa em participar do Conselho de Saúde Municipal, não terá condições de lutar para ampliar os serviços de saúde. E assim por diante, no que diz respeito a estruturas de participação cidadã que podem ajudar a melhorar os serviços públicos.

É conhecida a história de São Lourenço, diácono do século III, que, interrogado sobre a riqueza da Igreja pelo imperador, levou os pobres e desvalidos que eram atendidos pela mesma. Por causa disso foi martirizado. Será que nossas paróquias podem testemunhar o serviço aos pobres, e não apenas com entrega de bolsas de alimentos ou refeições para mendigos, o que não é mal, mas com serviços mais estruturados que possam apontar para a dignidade humana? As pastorais sociais são expressões concretas para dar este testemunho.

5.3 Desafio ecológico

Depois da *Laudato Si'* (Louvado Sejas – sobre o cuidado da casa comum) do Papa Francisco, praticamente não haveria necessidade de pontuar algo sobre a necessidade de que as paróquias tenham sensibilidade ecológica. Mas parece que precisamos.

É interessante observar que a recepção deste documento fora da Igreja está sendo impressionante. Trabalho em universidade e tenho visto o quanto pessoas que não participam da Igreja estão agradecidas por esta grande contribuição do *papa do fim do mundo*.

Sempre na medida do possível, pois sabemos da realidade diversificada de nossas paróquias, é preciso crescer em sensibilidade ecológica. Paróquias ricas e pobres, paróquias de grandes centros urbanos, paróquias periféricas, em favelas, na zona rural; enfim, dentre outras características, há grande diversidade. Porém, nada justifica que não coloquemos a ecologia como questão fundamental de nosso trabalho pastoral.

Não se trata, necessariamente, de fundar uma nova pastoral, embora possa ser necessário. Mas, sim, de perceber que esta é uma situação sem volta. Ou mudamos o nosso comportamento ou iremos assistir graves consequências. Aliás, as consequências serão inevitáveis, o que podemos fazer é um trabalho de redução de danos. A pandemia do Coronavírus demonstrou isso.

Como bem indicou Francisco, trata-se de pensar em uma ecologia integral. Contudo, algumas pessoas dentro da Igreja usam este conceito para relativizar a necessária defesa da natureza em seu conjunto. O ser humano, dentro deste contexto, é fundamental. Não há dúvida. Mas não existe ser humano isolado da natureza. *Tudo está interligado*. Diz sabiamente o papa: *Não é conveniente para os habitantes deste planeta viver cada vez mais submersos de cimento, asfalto, vidro e metais, privados do contato físico com a natureza (LS 44).*

Realmente, como é bem-indicado na *Louvado Sejas*, precisamos de uma *conversão ecológica*. As paróquias, por exemplo, quando construírem prédios e igrejas devem pensar na questão ecológica. Nos encontros não se pode priorizar material descartável. Muito cuidado com a climatização. Enfim, é preciso pensar em uma espiritualidade ecológica, uma espiritualidade que ajude a enfrentar o consumismo.

Contudo, mais uma vez, é preciso lembrar que a questão ecológica não está isolada da questão política. Assim, a paróquia precisará estar atenta ao contexto no qual ela está colocada. A construção de um *shopping*, por exemplo, pode significar sério prejuízo ecológico em uma cidade. Ora, seria uma omissão grave, por que não dizer pecado, que enquanto cristãos/ãs não procurássemos debater e aprofundar, nesta dada situação, qual o melhor caminho. Por fim, *não fugimos do mundo, nem negamos a natureza, quando queremos encontrar-nos com Deus (LS 235).*

5.4 Diálogo ecumênico e macroecumênico

Uma das novidades do Concílio Vaticano II foi colocar de forma magisterial a dimensão ecumênica. O Decreto *Unitatis Redintegratio* estende as mãos da Igreja Católica para o diálogo. Daí para frente, todos os papas colocaram-se na perspectiva de encontrar os irmãos que caminham com Cristo em outra instituição.

O encontro de São Paulo VI com o Patriarca Atenágoras, em 1964, marcou um reencontro que durou mil anos para acontecer[34], levando à assinatura, no ano seguinte, da declaração que suspendia a mútua excomunhão. São João Paulo II fez um gesto significativo, promovendo a Oração pela Paz na cidade de Assis. E, agora, Francisco continua fazendo um grande esforço para aprofundar o diálogo.

Não há dúvida de que este diálogo é uma dimensão fundamental da ação evangelizadora. As dificuldades que existem não podem ser empecilho para que ele não seja feito. No Brasil, como há um avanço das Igrejas neopentecostais, em geral pouco afeitas ao diálogo, pode-se criar uma reação não positiva por parte de setores católicos que desconhecem a história.

Como disse o Papa Francisco: *o ecumenismo é sempre mais uma necessidade e um desejo.* Assim, buscar encontrar os irmãos que têm a mesma fé em Cristo é hoje um imperativo.

Outro passo ainda complexo é o diálogo *macroecumênico*, isto é, dialogar com as religiões que não são cristãs, mas acreditam em Deus. Aqui ainda não se caminhou muito, mas no citado evento de São João Paulo II, na Oração pela Paz, estavam lá membros de várias religiões, e todos eles expressaram a sua própria oração, reconhecimento claro de sua adesão a Deus.

---

34. O cisma entre o Ocidente e o Oriente se deu em 1054, quando surge, neste último, a Igreja Ortodoxa.

Assim sendo, por mais difícil que seja, uma paróquia precisa alimentar a dimensão ecumênica. Devemos estar atentos que ecumenismo não significa, necessariamente, uma reintegração institucional, mas sobretudo o caminhar juntos no essencial. Com os luteranos este diálogo chegou inclusive à assinatura de declarações conjuntas sobre questões doutrinárias. Em 1999, ainda sob o pontificado de São João Paulo II, foi assinada a declaração na qual se reconhece que católicos e luteranos possuem o mesmo conceito de justificação.

Também é preciso alimentar o encontro com religiões que não têm o Cristo como o centro de sua doutrina. Um exemplo histórico, sempre citado, é o encontro de São Francisco com os muçulmanos. Na história recente tivemos dois grandes exemplos desta busca de diálogo: Charles de Foucauld (1858-1916), recentemente canonizado, e Christian de Chergé (1937-1996), dois mártires do diálogo com os muçulmanos[35].

No Brasil não há uma forte presença de muçulmanos, mas temos as religiões de matriz africana. É extremamente lamentável o preconceito, e mesmo a intolerância, que estas religiões sofrem. Tenho mais contato com

---

35. Tive a alegria de participar na banca de doutorado de Maria Suzana Figueiredo Assis Macedo, que fez um belo trabalho sobre cristãos que buscaram o encontro com o mundo muçulmano. Além dos dois acima citados, mais conhecidos, ela também trabalhou os nomes de mais três cristãos: Louis Massignon, Jean-Mohammed Bem Abd-El--Jalil e Georges Chehata Anawati. Tese de doutorado defendida na Universidade Federal de Juiz de Fora, Instituto de Ciências Humanas, em 2017.

a Umbanda, e o carinho e o respeito que esta religião, genuinamente brasileira, tem para com os católicos não são retribuídos à altura.

Possamos nos revestir de uma profunda misericórdia, palavra-chave do pontificado de Francisco, para acolher este diálogo em nossas dioceses, paróquias e comunidades.

6 Espiritualidade

Como já foi mencionada ainda no capítulo primeiro deste livro, a *espiritualidade* vem sofrendo um reducionismo muito grande. Confundem-se práticas de oração com a escolha do caminho pelo qual seguimos Jesus Cristo. O Papa São Paulo VI nos ofereceu uma bela reflexão sobre como devemos realizar o caminho da evangelização na EN no capítulo *O espírito da evangelização*. Francisco, na EG, em profunda sintonia com Paulo VI, também encerra a exortação com um capítulo que aprofunda um pouco mais: *Evangelizadores com espírito*. E Bergoglio nos presenteou com páginas de grandiosa sensibilidade para realizar o caminho espiritual: *Gaudete et Exsultate (GeE)* – sobre o chamado à santidade no mundo atual. Os dois capítulos citados mais a GeE seriam perfeitamente suficientes para entender por onde o itinerário espiritual de uma paróquia deveria caminhar. Mas vamos retomar alguns elementos para reforçar o que ali já está dito, e esclarecer aspectos que não poderiam ser colocados nos textos dos papas. Consideramos importante para a realidade pastoral. Assim sendo, este capítulo será um pouco diferente dos anteriores.

6.1 Contextualizando a espiritualidade cristã ao longo da história[36]

O uso da palavra espiritualidade no cotidiano da experiência religiosa cristã é relativamente novo. Foi a escola espiritual francesa, a partir do século XVII, que se encarregou de tornar a palavra mais conhecida. Durante muito tempo se atribuiu a Jerônimo (347-420), responsável pela primeira tradução latina da Bíblia, o emprego de tal conceito na vida cristã. No entanto, o primeiro a empregar o termo foi um herege conhecido como Pelágio. (Pregava que a salvação dependia unicamente de nosso esforço pessoal, minimizando a graça, e morreu entre 423 e 430. Agostinho de Hipona foi seu principal adversário, tendo, neste contexto, formulado o princípio da doutrina do pecado original.) O Papa Francisco tem falado muito de um neopelagianismo.

Nos dias de hoje a palavra voltou a ser aplicada com muita força, sendo absorvida, inclusive, por grande parte do povo cristão. Mas, infelizmente, a compreensão do que seja espiritualidade cristã está envolvido em uma série de equívocos. O principal deles é a oposição que se faz entre o material e o espiritual. O mundo espiritual seria

---

36. Uma obra que nos ajuda a perceber vários aspectos da espiritualidade cristã, inclusive históricos, é o livro *Curso de Espiritualidade: experiência – sistemática – projeções*, organizado por Bruno Secondin e Tullo Goffi. São Paulo: Paulinas, 1994.

um mundo ideal, o mundo perfeito, e o mundo material seria o mundo do pecado, da imperfeição, daquilo que atrapalha conseguir a vida eterna. Ora, esta não é uma compreensão bíblica do conceito e sim filosófico-platônica. Os gregos, como Platão, compreendiam o ser humano como um conjunto de duas partes distintas, sendo uma inferior à outra: a alma é superior ao corpo. E como o cristianismo foi forçado a se adaptar (inculturar) no mundo grego, utilizou a ideia, mas sem cair no dualismo grego, já indicamos tal realidade anteriormente.

Para a Sagrada Escritura ser humano é uma realidade única, com uma única vida que se desdobra em duas dimensões: uma corporal e a outra espiritual. Já a teologia da criação contida no Livro do Gênesis nos lembra que homem e mulher integralmente considerados são criados à imagem e semelhança de Deus, e não apenas a alma ou o corpo. No Segundo Testamento Paulo nos lembra que na morte se semeia "corpo corruptível" e se ressuscita "corpo espiritual" (1Cor 15). Assim, é a vida como um todo que deve ser valorizada desde a fecundação até a eternidade, quando será plenificada. No contexto bíblico podemos perceber que espiritualidade é a vida envolvida na força do Espírito, e vida considerada em sua totalidade histórica.

Ao longo da história cristã, muitas vezes se manteve fidelidade ao princípio da unidade da vida. Contudo, sobretudo da Idade Média para cá, foi estabelecido, como diz um grande teólogo cristão (Urs von Balthasar), um certo divórcio entre a experiência da fé e a reflexão sobre ela. Balthasar nos lembra que até Tomás de Aquino, praticamente todos os teólogos eram portadores de uma vida santa, e depois dele raramente aconteceu. Divórcio que podemos constatar até os nossos dias, quando separamos a vida cotidiana da experiência religiosa, da celebração, da liturgia. Na teologia separamos a pastoral da reflexão. Separamos os espaços de nossas vidas em compartimentos isolados. Em determinado lugar estaria o sagrado e em outro o profano, justificando, fora do espaço sagrado, toda ação má, pois esta seria do corpo e não da alma.

Obviamente não faltaram exemplos, mesmo não usando uma linguagem específica de manutenção da unidade da vida, a nos mostrar que o cristianismo é um caminho que leva a assumir a vida, responsavelmente, desde o seu início. Podemos observar em nomes antigos como de Francisco de Assis, e também em nomes mais próximos como o do teólogo protestante Dietrich Bonhoeffer (1945), morto pelos nazistas, o Pastor Martin Luther King assassinado por lutar contra o racismo norte-americano, o bispo católico D. Oscar Romero (1980) – hoje Santo Oscar Romero, canonizado em 2018 – também assassinado por defender os pobres em El Salvador, entre outros tantos que poderíamos citar.

Nas últimas décadas do século XX assistimos ao ressurgir do debate entre o que é mais importante na vida dos cristãos: a fé ou a vida. Mas, muitas vezes a questão foi colocada de tal modo que em vez de manter a unidade propiciou a continuidade, ainda que em outros termos, da separação. E mesmo teologias progressistas, como a Teologia da Libertação e a experiência das CEBs (Comunidades Eclesiais de Base) que muito têm contribuído para mostrar o valor imprescindível da vida e da luta pela justiça já neste mundo, possuem dificuldade em manter a unidade fundamental entre o fazer e o viver. Lutar pela justiça qualquer pessoa pode fazer, até um ateu, mas lutar dentro do espírito cristão é o objetivo dos seres humanos que aceitam o caminho de Jesus Cristo. Atualmente estamos assistindo ao crescimento de uma espiritualidade neopentecostal que recupera o valor da subjetividade e da afetividade, mas que corre o risco de cair, facilmente, num espiritualismo que não enxerga a vida de maneira integral, tendo dificuldade de perceber o pecado social e a nossa responsabilidade pela transformação do mundo. Portanto, o desafio da integração ainda está posto[37].

Diante da rápida abordagem histórica feita acima, fica uma pergunta: Haveria algum critério para determinar, com a maior coerência teológica possível, o que seria a espiritualidade cristã? O critério por excelência é o caminho de Jesus Cristo. Na verdade, espiritualidade é o meio pelo qual a experiência de fé utiliza para encontrar Deus. Os meios podem variar, mas o caminho precisa ser sempre o mesmo, isto é, aquele apresentado por Jesus

---

37. É preciso reconhecer que mesmo a espiritualidade neopentecostal não pode ser colocada como integralmente afastada da relação fé e vida. Há várias igrejas neopentecostais que estimulam uma espiritualidade do serviço ao irmão. Porém, essas igrejas têm sido alvos de uma manipulação mais contundente do poder dominador. Mesmo a Igreja Católica em sua corrente pentecostal corre este risco.

Cristo. Então, vamos recordar alguns elementos fundamentais do caminho de Jesus.

6.2 Fundamentos espirituais do caminho de Jesus Cristo[38]

A fé cristã celebra com força uma convicção: Jesus Cristo é Deus. Ora, se Jesus Cristo é Deus, a revelação de Deus feita por Ele não está apenas em alguns aspectos de sua trajetória histórica (milagres, ressurreição), mas em todo o seu caminhar terrestre. Na verdade, ao se revelar Deus pela humanidade, em Jesus Ele nos apresenta o caminho que cada homem e cada mulher devem fazer para alcançar o sentido definitivo da vida. Jesus revela, ao mesmo tempo, quem é Deus e quem é o ser humano. Assim sendo, o caminho realizado por Jesus é um modelo de espiritualidade, isto é, de meio para encontrar Deus. Portanto, qualquer espiritualidade deverá direcionar a vida do cristão para realizar em sua existência o caminho proposto por Jesus. Poderemos, no caminho, carregar materiais diferentes para realizá-lo (seriam as diversas espiritualidades: protestante ou católica, no caso dos católicos pode-se ter uma espiritualidade franciscana ou beneditina, p. ex.), mas deveremos ter o mesmo mapa. O mapa é configurado pelo projeto de Jesus Cristo. Aqui

---

38. Hoje temos à disposição uma vasta bibliografia sobre Jesus Cristo. Nem sempre é uma leitura fácil. Em português temos uma obra sintética de Alfonso Garcia Rubio: *O encontro com Jesus Cristo vivo* (São Paulo: Paulinas), na qual podemos encontrar com mais detalhes o que será exposto neste item.

não temos condição de lembrar todo o caminho de Jesus, mas podemos pontuar alguns elementos-chave.

O objetivo fundamental da encarnação de Deus em Jesus Cristo foi o anúncio do Reino de Deus. Com esta expressão conhecida do povo judeu, Jesus sintetiza a razão pela qual Deus se faz presente nele (Mc 1,15; Lc 4,43). Podemos afirmar que Jesus foi o *missionário do Reino*. E, para anunciar e realizar o Reino de Deus em si mesmo, Jesus assume um messianismo um tanto quanto original. Seguindo um pouco os passos de João Batista, Jesus se apresenta como um messias que recusará a usar o poder dominador para salvar. Ele é o messias servidor. A comunidade do início, no Segundo Testamento, identifica o messianismo de Jesus com aquele servo apresentado por Isaías nos famosos Cânticos do Servo Sofredor (Is 42–53). E o conteúdo da tentação feita a Jesus em seu caminho foi justamente o de abandonar o serviço (Mc 1,13-15; e as variantes de Lc 4,4-14 e Mt 4,1-11). Mas o Nazareno é fiel até o fim ao propósito de sua encarnação: anunciar pelo Reino de Deus que o único caminho que pode salvar é o amor. Por isso a 1João define, caprichosamente: "Deus é Amor" (4,16), e "Aquele que não ama permanece na morte" (3,14), sendo que "Nisto se revelam os filhos de Deus e os filhos do demônio: todo o que não pratica a justiça não é de Deus, nem aquele que não ama o seu irmão" (3,10), por isso "Nisto conhecemos o Amor: que Ele deu a sua vida por nós. E nós também devemos dar as nossas vidas pelos irmãos"

(3,6), portanto "Se alguém disser: 'Amo a Deus', mas odeia o seu irmão, é um mentiroso" (4,20).

Ao anunciar o Reino de Deus, Jesus Cristo não faz uma apresentação teológica detalhada sobre o que seria o tal Reino, mas testemunha e narra o mesmo com a sua vida. Coloca o Reino como um grande presente de Deus dado a nós gratuitamente, e não por nossos merecimentos. Cabe a nós acolher este Reino em nossas vidas até a plenitude. Podemos ver a gratuidade do Reino exatamente pelo fato de Jesus indicar em quem fica evidenciada a necessidade de realizar o mesmo: nos pobres (Lc 6,20; Mt 11,4 etc.), nas crianças, nos fracos, nos pequenos, nos marginalizados (Mc 10,13-16; Mt 11,25-26 etc.), e nos pecadores (Mt 21,31; 9,12 etc.).

E para perceber a gratuidade do Reino de Deus precisaremos sempre de muita conversão e fé. Aquilo que o Segundo Testamento chama de farisaísmo é uma tentação constante. O "farisaísmo" nos faz comercializar o Reino. Ora, Deus não é um comerciante que fica barganhando o Reino conosco. Porém, o reconhecimento do grande amor de Deus nos faz pensar e nos perguntar: Diante desse Deus o que devo fazer com a minha vida? Aqui entra o momento da resposta, da tarefa. Mesmo sabendo que "não temos aqui cidade permanente" e "devemos buscar a que há de vir", como fez Jesus, é preciso realizar sinais da presença do Reino no interior da realidade histórica. E só caminha para a vida eterna aquele e aquela que reconhece o Reino no meio de nós. E como Jesus realizou os sinais da presença do Reino? Indo ao encontro daquele/a que é o meu próximo, indo ao encontro daquele/a que retorna a casa recebendo-o com festa, dando atenção a quem não conta, a quem é excluído: "Levanta-te e vem aqui para o meio" (Mc 3,3).

Com os acenos feitos até aqui queremos afirmar que **espiritualidade cristã** é, teologicamente, colocar-se no caminho de Jesus Cristo. Existe um critério para identificar se um caminho espiritual está ou não de acordo com o específico da identidade cristã: se o meio (a espiritualidade) nos ajuda a fazer bem o caminho de Jesus em seu seguimento. Faz-se necessário colocar a nossa vida centrada na totalidade do Mistério Pascal: encarnação, vida, morte e ressurreição. Os antigos chamavam de *Kerigma*.

O cristianismo sempre foi desafiado a viver a fé dentro de uma história concreta. Hoje isso não é diferente. Poderíamos perguntar: Que espiritualidade traduziria melhor o seguimento de Jesus Cristo em nossos dias? Todas e nenhuma. Tudo vai depender do que foi colocado anteriormente. Por certo, não podemos ficar naquela falsa discussão sobre o que seja mais importante: a fé ou as obras. No cristianismo uma não pode existir sem a outra. Certamente não podemos aceitar uma espiritualidade que nos faz cair em um fechamento sobre nós mesmos, num subjetivismo exagerado, ou num coletivismo que não leva em consideração a realidade pessoal de cada um, as necessidades humanas múltiplas e variadas. A libertação não é feita somente de luta macrossocial, com suas ambiguidades, e nem tampouco se realiza apenas no coração humano (microssocial). Por isso, uma diocese, uma paróquia, uma comunidade eclesial precisa ser o lugar por excelência para se beber da fonte que nos abastece para fazer o Caminho. E fazer o caminho juntos.

7 Perspectivas de futuro
CEBs: uma alternativa

Em considerações anteriores já foi mencionado que, sob o nosso ponto de vista, as paróquias teriam que ser profundamente reformuladas. A estrutura canônica e pastoral das mesmas facilita que o clericalismo, tão criticado pelo Papa Francisco, seja desenvolvido.

Para nós, a figura de uma *matriz paroquial* precisaria ser eliminada, pois ela proporciona uma hierarquia de comunidades que não é nada saudável, além de não corresponder mais ao desafio urbano que hoje é um dado incontestável. Contudo, consideramos, neste texto, trabalhar com a situação oficial, dentro da estrutura possível permitida pela Igreja. Por isso, vamos apresentar as Comunidades Eclesiais de Base (CEBs) como uma alternativa no interior desta mesma estrutura. Para dizer a verdade, uma velha alternativa. As CEBs têm passado, presente, e podem ser um fator ainda importante para o futuro. É esta a nossa intenção nesta breve reflexão. Ao contrário do que muita gente pensa, as CEBs estão vivas. É fato que sofreram uma baixa nos últimos anos, e, diga-se de passagem, em grande parte em razão de perseguições.

Olhando para o futuro precisamos de coragem para enfrentar os desafios. Faz-se necessário discutir e aprofundar perspectivas pastorais que possam ir ao encontro do homem e da mulher contemporâneos. Não podemos ficar assistindo a "banda passar". É preciso correr o risco de se acidentar, ferir, enlamear, como diz Francisco no n. 49 da EG. É preciso, não por um capricho pastoral, mas porque a realidade grita, e podemos dizer que, em certo sentido, até pede socorro. Mas não se quer mais do mesmo. Precisamos ir ao encontro das periferias territoriais e existenciais. Permanecer com respostas tímidas, ou mesmo saudosistas, vai nos conduzir à perda daquela *energia escondida da Boa-nova* de que falava São Paulo VI no n. 4 da EN. Energia que era *suscetível de impressionar profundamente* a consciência dos seres humanos.

Um passo adiante seria tomar as boas intuições e práticas que brotaram da caminhada das CEBs e viabilizá-las no contexto paroquial. Não vamos colocar esta questão em pauta, mas merece aprofundamento. Também não faz parte do caminho feito até aqui desenvolver com detalhes o histórico das Comunidades de Base e suas possíveis possibilidades em nossos dias.

Não se pode mais ter nenhuma dúvida quanto à eclesialidade das Comunidades de Base. Partindo da Conferência de Medellín (1969) até a EG, há dezenas de textos que confirmam a legitimidade das mesmas na Igreja. Somente uma pessoa desonesta diria que as CEBs não são reconhecidas pelo Magistério.

Quando falamos CEBs não estamos supondo uma definição muito rígida. Costumo apontar três elementos básicos: comunidades reunidas em torno do Caminho de Jesus e da Palavra celebrada sacramentalmente, comunidades alinhadas com o caráter sinodal do Vaticano II (participação mais democrática) em comunhão com todos os ministros e ministras do Povo de Deus, e finalmente que tenha algum tipo de compromisso solidário levando em consideração as contradições sociais. Este último elemento tem um dado fundamental: *levando em consideração as contradições sociais*, que certamente supõem análise mais rigorosa das relações sociais políticas e econômicas.

Assim sendo, podemos encontrar paróquias que escolham um caminho de autorreferência, infelizmente uma boa parte, ou paróquias que procurem integrar em sua estrutura outras possibilidades. Usando uma categoria elaborada pelo sociólogo Pedro A. Ribeiro de Oliveira, que foi meu professor, e hoje é um amigo, podemos ter **paróquias com CEBs** e **paróquias de CEBs**[39].

Uma *paróquia com CEBs* é aquela que admite a existência das mesmas em seu território, mas não coloca como prioridade a articulação da vida pastoral paroquial

---

39. O artigo no qual Pedro Ribeiro trata desta questão está na revista *Horizonte*, PUC Minas, 2016. Pode-se acessar pelo link: http://periodicos.pucminas.br/index.php/horizonte/article/view/P.2175-5841.2016v14n42p642/9596

a partir das comunidades. Contudo, diríamos que a possibilidade de ter CEBs no território paroquial já seria um avanço. Mas a situação que vislumbramos como mais promissora é uma *paróquia de CEBs*.

Em uma paróquia de CEBs a *matriz paroquial* passa a ser *uma* comunidade entre outras. Ela existiria apenas para cumprir o papel canônico. Em uma realidade na qual a paróquia tem apenas a igreja matriz, ela precisaria setorizar o território em núcleos menores. Existem algumas dioceses nas quais tal realidade é encontrada, mas a grande maioria é constituída por um sistema centralizado, sendo que nos últimos anos houve, inclusive, um incentivo para a criação de mais paróquias.

Mas chamemos ou não de CEBs, uma paróquia/Igreja – como aponta Dom Paulo Evaristo na introdução ao documento citado em nota na introdução (Pastoral de comunidades e ministérios, em 1980 – é comunhão de Pessoas (LG 1, 18). *Por isso, a Pastoral de Comunidades é um esforço para renovar e criar modelos autênticos de formas comunitárias que exprimam tal comunhão.*

As Diretrizes Gerais da Ação Evangelizadora da Igreja no Brasil, 2019-2023, documento 109, retoma a necessidade de formar comunidades. No documento 100 já se tinha apontado tal caminho. Mas parece que precisaremos ainda de muito chão para a percepção desta urgente necessidade. Há ainda certo deslumbramento por meios midiáticos e espiritualidades que são relativamente fáceis de recepção, mas que são, insistindo na imagem de São

Paulo VI, verniz superficial. Temos um longo caminho sinodal pela frente. Quando a crise civilizatória que estamos vivendo passar, teremos condições de apresentar o caminho cristão como uma trajetória de valor fundamental para a existência humana? Veremos.

Conclusão

Chegamos ao final de nosso itinerário para a renovação do trabalho pastoral paroquial em perspectiva sinodal. O capítulo anterior, de certa forma, já apontou uma conclusão. Porém, apenas queremos reafirmar que encontramos no ministério do Papa Francisco um conjunto de discursos e ações que merecem ser levados em consideração se queremos, honesta e verdadeiramente, continuar a sermos fiéis ao CAMINHO de Jesus Cristo. Por isso, encerramos com o n. 270 da *Evangelii Gaudium: A alegria do Evangelho – Sobre o anúncio do Evangelho no mundo atual:*

> Às vezes sentimos a tentação de ser cristãos, mantendo prudente distância das chagas do Senhor. Jesus, no entanto, quer que toquemos a miséria humana, que toquemos a carne sofredora dos outros. Espera que renunciemos a procurar aqueles abrigos pessoais ou comunitários que permitem manter-nos à distância do nó do drama humano, a fim de aceitarmos verdadeiramente entrar em contato com a vida concreta dos outros e conhecermos a força da ternura. Quando o fazemos, a vida complica-se sempre maravilhosamente e vivemos a intensa experiência de ser povo, a experiência de pertencer a um povo.

Conecte-se conosco:

facebook.com/editoravozes

@editoravozes

@editora_vozes

youtube.com/editoravozes

+55 24 2233-9033

www.vozes.com.br

Conheça nossas lojas:
www.livrariavozes.com.br

Belo Horizonte – Brasília – Campinas – Cuiabá – Curitiba
Fortaleza – Juiz de Fora – Petrópolis – Recife – São Paulo

EDITORA VOZES LTDA.
Rua Frei Luís, 100 – Centro – Cep 25689-900 – Petrópolis, RJ
Tel.: (24) 2233-9000 – E-mail: vendas@vozes.com.br